MOSE BEN MAIMON

Acht Kapitel

Eine Abhandlung zur jüdischen Ethik
und Gotteserkenntnis

Deutsch und Arabisch von
MAURICE WOLFF
Mit Einführung und Bibliographie von
FRIEDRICH NIEWÖHNER

Deutsch und Arabisch
(in hebräischer Schrift)

FELIX MEINER VERLAG
HAMBURG

PHILOSOPHISCHE BIBLIOTHEK BAND 342

1981 Erste Auflage
1992 2., durchgesehene Auflage

Als Vorlage für die vorliegende Ausgabe diente mit freundlichem Einverständnis der N. V. Boekhandel an Drukkerij V/H E. J. Brill, Leiden, die 1903 unter dem Titel „Musa Maimuni's (Maimonides), Acht Capitel, arabisch und deutsch mit Anmerkungen von Dr. M. Wolff" erschienene zweite und verbesserte Auflage. Sie ist erweitert um eine Einführung und eine Bibliographie von Friedrich Niewöhner.

Die Deutsche Bibliothek – CIP-Einheitsaufnahme

Maimonides, Moses:
Acht Kapitel : eine Abhandlung zur jüdischen Ethik und Gotteserkenntnis / Mose Ben Maimon. Arab. und dt. von Maurice Wolff. Mit Einf. und Bibliogr. von Friedrich Niewöhner. – 2., durchges. Aufl. – Hamburg : Meiner, 1992
   (Philosophische Bibliothek ; Bd. 342)
   ISBN 3-7873-1081-9
NE: Wolff, Maurice [Übers.]; GT

© Felix Meiner Verlag, Hamburg 1992. Alle Rechte an dieser Ausgabe, auch die des auszugsweisen Nachdrucks, der fotomechanischen Wiedergabe und der Übersetzung, vorbehalten. Dies betrifft auch die Vervielfältigung und Übertragung einzelner Textabschnitte durch alle Verfahren wie Speicherung und Übertragung auf Papier, Transparente, Filme, Bänder, Platten und andere Medien, soweit es nicht §§ 53 und 54 URG ausdrücklich gestatten. Druck: W. Carstens, Schneverdingen. Gedruckt auf säurefreiem, alterungsbeständigem Werkdruckpapier. Einbandgestaltung: Jens Peter Mardersteig. Einband: Labove, Uelzen. Printed in Germany.

INHALT

Einführung. Von Friedrich Niewöhner	VII*
Bibliographie	XV*
I. Bibliographien	XV*
II. Ausgaben	XVI*
1. Übersetzungen	XVI*
2. Deutschsprachige Übersetzungen in hebräischer Schrift	XX*
3. Angezeigte Übersetzungen, die nicht erschienen sind	XXI*
4. Teilübersetzungen (deutschsprachig)	XXII*
5. Teilübersetzungen (andere Sprachen)	XXIII*
III. Sekundärliteratur	XXIV*
Titelblatt der Ausgabe von 1903	I
Vorwort. Von Maurice Wolff	V
Einleitung. Von Maurice Wolff	VII
Titelseite der Ausgabe der „Acht Kapitel" in der hebräischen Übersetzung des Samuel ben Jehuda Ibn Tibbon, 1484 (1485)	XVI

Mose ben Maimon
Acht Kapitel

Erstes Kapitel. Von der Seele des Menschen und ihren Kräften	1
Zweites Kapitel. Von den gesetzwidrigen Tätigkeiten der Seelenkräfte und von der Bestimmung des Teiles, bei welchem Tugenden und Untugenden zunächst stattfinden	9
Drittes Kapitel. Von den Krankheiten der Seele	13
Viertes Kapitel. Von der Heilung der Seelenkrankheiten	15

Fünftes Kapitel. Von der Richtung der Seelenkräfte
auf Ein Ziel 34

Sechstes Kapitel. Vom Unterschiede zwischen dem
Tugendhaften und dem Enthaltsamen 42

Siebentes Kapitel. Von den Scheidewänden und deren
Bedeutung 48

Achtes Kapitel. Von der natürlichen Beschaffenheit
des Menschen 56

Exkurse. Von Maurice Wolff 82

Zusätze. Verbesserungen des Pocock'schen Textes
nebst Prof. Fleischers sprachlichen Bemerkungen 90

Berichtigungen und Nachträge 95

Arabischer Text in hebräischer Schrift

Achtes Kapitel .... (26)

Siebentes Kapitel .... (23)

Sechstes Kapitel .... (20)

Fünftes Kapitel .... (16)

Viertes Kapitel .... (7)

Drittes Kapitel .... (6)

Zweites Kapitel .... (4)

Erstes Kapitel .... (1)

EINFÜHRUNG

Frage: Could you in any way define the idea of God? Is it a spirit? A force?

Leibowitz: Force is a physical notion. God has no attributes. The whole essence of Jewish theology for the past 1800 years is a denial of the attributes of God.

Frage: Nonetheless, He is fierce, He promises and punishes...

Leibowitz: He has all attributes contradicting themselves because He has not attributes. The attributes of God are just outpourings of human feelings. God with attributes is a pagan idol, and therefore Judaism considers Christianity a pagan religion.

Frage: If God's attributes are an outpouring of human feelings, then maybe the very idea of God is also an outpouring of human feelings. C. G. Jung said that if there were no God we would have to create him — as a psychological crutch.

Leibowitz: That's what Voltaire said 200 years before Jung — Jung had no original ideas.

Frage: But is there any validity in it?

Leibowitz: No. Religion is not a human necessity. Of course paganism — and maybe Christinity — is a human necessity. But belief in God — not an idol but God — goes counter to all human feelings and human interests.

Frage: Does religious faith require love of God?

Leibowitz: How can a man love God? Love is an anthropomorphic idea. I can love my friend. I can love my wife, I can love other women, too; I cann love my country, I can love science, I can love myself. But how can a man love God? Of course, Shema *starts with ,,You shall love your God", yes? But the meaning of the love of God is just fulfilling the Law. In the Bible there is only one person who is called a lover of God — that is Abraham. He took his son and went to sacrifice him to God, against all human senti-*

ment and human feelings. For God, he rejected all human values. You see, there is no bridge between humanistic values an religious values. Humanism and religion cannot be joined. A religious person rejects humanism.
Frage: Is not „Love thy neighbor . . ." part of the religion?
Leibowitz: That is a commandment!
Frage: Can you love on command?
Leibowitz: Certainly you cannot fulfill the Law. Divine Law cannot be fulfilled — because it is Divine. It never was and it never will be fulfilled. Religion is only the struggle to accomplish this. In one of the most important documents of Jewish Law, the first line is, „A man should rise in the morning like a lion, trying to serve God". A man cannot serve God, it is impossible — it's a pagan notion — but he can try.
Frage: What for?
Leibowitz: Religion is an end, not a means. The service of God is an end not a means. Religion that means something — religion for the sake of ethics, religion for the sake for morality, religion for the sake of a nation, for humanity, for society — that is a prostitution of religion. Judaism is a theo-centric religion. Therefore Christianity is the opposition of Judaism — Christianity is an anthropo-centric religion. Christianity's God is for the sake of Man. Judaism's Man is for the sake of God.

Dies ist ein Auszug aus einem Interview, das Paula Hirth 1971 mit Yeshayahu Leibowitz geführt hat[1]. Es mag befremdlich erscheinen, die Einleitung zu einer Ausgabe eines mittelalterlichen Textes mit einem Interview mit einem Professor emeritus der Chemie und der Neurophysiologie, zudem einem der umstrittendsten politischen Denker Israels zu beginnen[2]. Doch dieses Interview zeigt, wie heute Maimonides interpretiert werden kann — und was Leibowitz hier sagt, *ist* eine Interpretation des Maimonides[3].

Yeshayahu Leibowitz — "whose approach to Judaism is heavily influenced by Maimonides"[4] — hat 1980 Maimonides zu einer bisher ungeahnten Aktualität verholfen dadurch, daß er den „Glauben des Maimonides" in 15 Sendungen im Radio in Israel vorgestellt hat — im Sender des Verteidigungsministeriums[5]. Worin liegt aber die Aktualität des Maimonides?

Seit jetzt 800 Jahren wird diese Aktualität behauptet, und in den letzten 150 Jahren, besonders seit dem Beginn der „Wissenschaft des Judentums"[6], ist eine Fülle von Aufsätzen und Büchern geschrieben worden, die die Bedeutung des Maimonides „für unsere Zeit" und „heute" unterstreichen, ihn als „mittelalterlichen Modernisten", als „Aufklärer" und als „Führer in unserer Zeit" preisen.

Obwohl Bücher über Maimonides geschrieben worden sind, deren Anzahl ganze Bibliotheken füllen, gab es eigentlich trotzdem nie eine „maimonideische Philosophie" oder einen „Maimonideanismus" wie etwa den Thomismus oder den Kantianismus. Der Grund dafür ist wohl, daß zwar viel über Maimonides gedacht und geschrieben worden ist, nicht aber *mit ihm* gedacht wurde. Und das gilt letztlich auch für seine tiefen Verehrer Moses Mendelssohn und Salomon Maimon. Philologie, Apologie, Orthodoxie, Rationalismus und Zionismus haben für sich Maimonides in Anspruch genommen, nicht aber die Philosophie. Das hängt damit zusammen, daß — trotz aller Sympathie für Maimonides — er als *mittelalterlicher* Philosoph angesehen wurde; das hängt aber vielleicht auch damit zusammen, daß man sich überlegte, ob es überhaupt so etwas wie „jüdische *Philosophie*" heute (noch) gibt. Isaac Husik hatte 1916 behauptet, es gebe zwar heute sowohl Juden als auch Philosophen, aber es gebe keine jüdischen Philosophen und keine jüdische Philosophie[7]. Die Frage nach einer „jüdischen Philosophie" und was diese zu leisten habe, hält noch an, viel ist schon darüber geschrieben worden, vieles ist noch offen. Eins allerdings kann festgestellt werden: Heute zeichnet sich allmählich das, was man unter „jüdischer Philosophie" verstehen könnte, ab als „Maimonideanismus". Im Hinblick auf Harry Austryn Wolfson, Leo

Strauss, Leon Roth, Yeshayahu Leibowitz und David Hartman konnte Warren Zew Harvey 1980 lakonisch feststellen: "Yet today, for the first time since Spinoza, it seems that if Jewish philosophy is possible at all, Maimonideanism is."[8] Das ist eine erstaunliche Feststellung.

Was macht es möglich, daß heute quasi synonym von „jüdischer Philosophie" und „Maimonideanismus" geredet werden kann? Weil Maimonides nicht nur nach *Erkenntnis* strebte, sondern nach *Gottes*erkenntnis (Leibowitz), weil er nicht nur Gott *liebte*, sondern weil er eine *intellektuelle* Gottesliebe forderte (Hartman), weil er gezeigt hat, daß das jüdische und das westliche Denken sich nicht unbedingt ausschließen müssen (Roth), weil er sowohl Jerusalem als auch Athen zu verstehen versucht hat (Strauss) — kurz: weil er eine Verbindung zwischen den Wörtern „jüdische" und „Philosophie" geschaffen hat, die es überhaupt erst ermöglichte, von „jüdischer Philosophie" als einer eigenen Art des Denkens zu sprechen.

Die vorliegenden „Acht Kapitel" sind ein Beispiel für das Amalgam von jüdischem und griechischem (aristotelischem) Denken. Brisanz bekommt der Text zusätzlich dadurch, daß er sich an vielen Stellen auf die islamischen „Aphorismen über den Staatsmann" des al-Farabi stützt, auch wenn er diesen nicht ausdrücklich nennt[9]. Auf dem Gebiet der ethischen Literatur des Mittelalters sind die „Acht Kapitel" das hervorragendste Beispiel für den Synkretismus zwischen Judentum, griechischer und islamischer Philosophie. Da dieser Text aber trotz aller Adoptionen ein jüdischer Text ist, heißt das gleichzeitig auch: Er ist kein *philosophisch-ethischer* Traktat als eine Anleitung zur Lebensführung, sondern er ist ein *religiöser* Traktat als eine Anleitung zur Lebensführung auf die Gotteserkenntnis hin. Liest man Maimonides unter diesem Blickwinkel, kann man mit ihm denken, schafft er den Raum für das, was „jüdische Philosophie" genannt werden kann.

Der Titel „Acht Kapitel" ist dieser Abhandlung von Maimonides selbst in seiner Einleitung hierzu[10] gegeben worden schlicht deshalb, weil sie sich in acht Kapitel gliedert. Diese ,,Acht Kapitel" sind eigentlich die Einleitung des Maimonides zu seinem Kommentar zum Traktat ,,Abot" (im Deutschen bekannt als ,,Sprüche der Väter") der Mischna, den er im Rahmen seines ,,Kommentars zur Mischna" behandelt. Diesen ,,Kommentar zur Mischna" — auch einfach ,,Leuchte" genannt — hat Maimonides (1135—1204) mit 23 Jahren begonnen und endgültig zwischen 1165 und 1168 in Ägypten beendet, geschrieben in Arabisch mit hebräischen Buchstaben. Erst später schrieb er seine zwei anderen großen Werke, die ,,Mischne-Torah" (1170—1180) und den ,,Führer der Unschlüssigen" (1180—1191). Schon zu seinen Lebzeiten wurden die ,,Acht Kapitel" mit dem Kommentar zu Abot ins Hebräische übersetzt, und zwar von Samuel Ben Jehuda Ibn Tibbon in Südfrankreich; zwischen dem 28. November und dem 28. Dezember 1202 wurde diese Übersetzung abgeschlossen. In der Tibbonidischen Übersetzung unter dem hebräischen Titel ,,Schemonah Perakim" wurden die ,,Acht Kapitel" dann sehr häufig gedruckt, zum Teil alleine, zum Teil mit dem anschließenden Kommentar. Eine der frühen Inkunabeln und wahrscheinlich der 5. hebräische Druck in Soncino waren 1484 oder 1485 die ,,Acht Kapitel" zusammen mit dem Kommentar zu Abot. Überall, wo es Juden gab, wurden diese ,,Acht Kapitel" besonders gerne gelesen und darum ediert und übersetzt — in diesem Jahrhundert sind sie sogar ins Hocharabisch übersetzt worden in Tunesien, aber das war vor der Zeit Ghadafis.

Der arabische Text wurde zum ersten Mal von Eduard Pocock 1654/55 in Oxford ediert und ins Lateinische übersetzt. Die zweite Edition des arabischen Textes, zusammen mit einer neuen deutschen Übersetzung, ist die von Maurice Wolff in Leiden 1863, 2. Auflage 1903[11].

Die Ausgabe von M. Wolff ist bis heute die einzige, die die deutsche Übersetzung nach dem arabischen Original angefertigt hat, und zwar nach dem von Pocock erstellten Text im Vergleich mit einer Berliner Handschrift. An anderen deutschen Übersetzungen kannte M. Wolff nur die von Simon Falkenheim von 1832. Über M. Wolff schreibt S. Winiger in der „Großen Jüdischen National-Biographie" (Bd. VI, S. 315): „Wolff, Maurice, Dr. phil., Rabbiner, Philolog u. Schriftsteller, geb. 1824 in Meseritz, Preußen, als Sohn des dortigen Rabbiners, studierte in Berlin und Leipzig, war 1849—57 Rabbiner in Kulm, seither in Gothenburg (Schweden). Er verfaßte: El senusis, Begriffsentwicklung des mohammed. Glaubensbekenntnisses (arab. und deutsch, Leipzig 1848); Philonische Philosophie (das. 1849, 2. A. Gothenburg 1853); Mose ben Maimons Acht Capitel (das. 1863); Mohammed. Eschatologie, (das. 1872); Bemerkungen zu dem Wortlaute der Emunot-wedeot (1878, 2. Aufl. 1880); Philos Ethik (Gothenburg 1879); Zur Charakteristik der Bibelexegese Saadia Alfajjumis (1884—85); Beiträge zur philosoph. Historia (Stockholm 1882)."

Nach Erscheinen der 1. Auflage vom M. Wolff wurde sowohl von A. Geiger 1863 wie von M. Duschak 1865/66 trotz großen Lobes für Ausgabe und Übersetzung kritisiert, daß dieser Arbeit eine einleitende Abhandlung über die Ethik und die Moralphilosophie des Maimonides fehle. Auch der 2. Auflage fehlt ein solch einleitender Essay. Wolff begründet dies: „Auf die einzelnen in den ‚acht Capiteln' behandelten Fragen hier näher einzugehen, scheint mir überflüssig: der Inhalt und die ganze Darstellung derselben sind so klar, daß der aufmerksame Leser keiner besonderen, einleitenden Auseinandersetzung bedarf."[12] Diese Worte gelten auch noch heute für den Nachdruck der 2. Auflage[13].

Die nachfolgende Bibliographie ist die bis jetzt detaillierteste und umfangreichste zu den „Acht Kapiteln", doch auch sie wird wohl nicht vollständig sein. Sie wäre ohne die Arbeiten von Jacob Israel Dienstag nicht möglich gewesen. Es ist heute unmöglich, über Maimonides wissenschaftlich zu arbeiten, ohne die Hilfe des bibliographischen Materials in Anspruch zu nehmen, das J. I. Dienstag in den letzten Jahrzehnten erstellt hat. Auch für ihn ist die jüdische Philosophie Maimonideanismus. Die Bibliographie richtet sich an deutsche Leser, sie enthält darum nicht: hebräische, arabische, hebräisch-arabische, jiddische und jüdisch-deutsche Titel. Doch anhand der vorliegenden Bibliographie kann sich jeder Interessierte vollständig in dieses Gebiet einarbeiten.

Maimonides schreibt in der „Einleitung" zu den „Acht Kapiteln": „Man soll die Wahrheit akzeptieren, aus was für Quellen auch immer sie kommt." Und im Traktat Abot selbst heißt es: „Wo kein Wissen ist, da ist kein Verstehen, und wo kein Verstehen ist, da ist kein Wissen"[14].

Anmerkungen

1. In: Israel Magazine, Vol. III, Nr. 11, November 1971, p. 26–35
2. Yeshayahu Leibowitz, 1903 in Riga geboren, promoviert 1924 in Berlin, ist seit 1935 Mitglied der Hebräischen Universität in Jerusalem. – cf.: E. J., Vol. 10, Jerusalem 1971, Sp. 1587–1588
3. Cf. hierzu von Leibowitz: Maimonides – The Abrahamic Man. in: Judaism 6, Nr. 2, 1957
4. E. J., Year Book 1977/78, Jerusalem 1978, p. 322. – cf. auch Michael Shashar: A Conceptual and Intellectual Challenge. On Yeshayahu Leibowitz' "Talks" (on Pirke Avot and on Maimonides). in: Forum 36, Jerusalem Fall/Winter 1979, p. 179–184
5. Diese Vorträge liegen inzwischen gedruckt vor mit dem Copyright: "All rights reserved to the Ministry of Defence, Israel 1980"
6. Cf. Friedrich Niewöhner: Artikel „Judentum, Wissenschaft des" in: Historisches Wörterbuch der Philosophie, Bd. IV, 1976, Sp. 653–658
7. Isaac Husik: A History of Mediaeval Jewish Philosophy 1916. N. D.: New York and Philadelphia 3. Aufl. 1960, p. 432, letzter Satz des Werkes: "There are Jews now and there are philosophers, but there are no Jewish philosophers and there is no Jewish philosophy." cf. die Auseinandersetzung mit diesem Satz von Friedrich Niewöhner: Vorüberlegungen zu einem Stichwort: „Philosophie, jüdische". in: Archiv für Begriffsgeschichte Bd. 24, Heft 2, 1980
8. The Return of Maimonideanism. in: Jewish Social Studies, Vol. XLII, 1980, p. 249–268, Zitat p. 262
9. Cf. in der Bibliographie die Arbeit von Herbert Davidson zu diesem Thema
10. Diese „Einleitung" hat die Ausgabe von M. Wolff nicht. Sie steht in der Ausgabe von Gorfinkle (cf. die Bibliographie),

p. 34—36 (englisch) und p. 5—7 des hebräischen Teils (arabisch und hebräisch)
11. Zu den genannten Titeln der hier erwähnten Ausgaben cf. die Bibliographie
12. 2. Aufl., S. XIII
13. M. Duschak schreibt in seiner Rezension der 1. Aufl., p. 215: „Das Buch sollte in jedermanns Hand sein, der Interesse für den großen Maimonides hat, und wer hätte ein solches nicht?"
14. Zu diesem Satz hat Salomon Maimon „eine Auslegung einer dunklen Stelle des Maimonides in seinem Kommentar über die Mischna nach der Kantischen Philosophie" (Lebensgeschichte. Berlin 1793, p. 269) geschrieben, und zwar unter dem hebräischen Titel „Ein philosophischer Kommentar zu einigen Worten in Maimonides' Kommentar" in der hebräischen Zeitschrift „Der Sammler" (Berlin 1789, p. 130—136. Unter dem Titel „Probe rabbinischer Philosophie dann auf Deutsch in „Berlinische Monatsschrift" August 1789, p. 171—179).

BIBLIOGRAPHIE

Diese Bibliographie bezieht sich allein auf die „Acht Kapitel". Zur allgemeinen Bibliographie über Maimonides sei verwiesen auf:
  Johann Maier: „Werke des Maimonides" und „Maimonides-Bibliographie", in: Mose ben Maimon: Führer der Unschlüssigen. Übersetzung und Kommentar von Adolf Weiss. Mit einer Einleitung von Johann Maier, Hamburg: Felix Meiner Verlag 1972, (PhB 184 a) Bd. I, p. LXIII–CIV. – (Rez.: Friedrich Niewöhner. in: Philosophisches Jahrbuch der Görresgesellschaft 80, 1; 1973, p. 200–204).
Die in dieser Bibliographie Seite LXVI unter 3e aufgezählten drei Ausgaben von „M. Wolf"(!) und „J. Wolf"(!) sind nach Maßgabe der hier vorgelegten Bibliographie zu korrigieren.

I. BIBLIOGRAPHIEN

Die beste bibliographische Einführung in das Werk des Maimonides bietet:
  Jacob I. Dienstag: Supplementary Notes, in: David Yellin und Israel Abrahams: Maimonides. His Life and Works. Third, Revised Edition, with Introduction, Bibliography and Supplementary Notes by Jacob I. Dienstag, New York: Hermon 1972, p. 173–187. (Hier auch „Selected Bibliography", p. XVII–XXIX).
Bibliographie der Drucke von Maimonides' Kommentar zur Mischna:
  A. Yaari, in: Kirjath Sepher 9, 1932, p. 101–109 und 228–235. B. Simches, in: ibid. 12, 1936, p. 132. A. Yaari, in: ibid. 29, 1954, p. 176.
Hierzu zwei wichtige Ergänzungen:
1) Die neueste Ausgabe des arabischen Originals mit neuer hebräischer Übersetzung liegt vor von:
  Joseph Kafih*: Jerusalem: Mossad Harav Kook 1964, p. 372–407 (in: Mischna, mit dem Kommentar des Mose ben Maimon, Sefer Nezikim). – *Maier: Kafeh; Dienstag: Kapah. Die lateinische Umschreibung seines Namens mit „Kafih" geht aber aus seinem Buch „Jewish Life in Sana" (Hebr.), Jerusalem 1969, Rückseite des Titelblatts, hervor.
2) Das Autograph der „Acht Kapitel" des Maimonides ist photographisch wiedergegeben in:
  Maimonidis Commentarius In Mischnam E Codicibus Hunt. 117 Et Pococke 295 In Bibliotheca Bodleiana Oxoniensi Servatis

Et Bibliotheca Sassoniensis Letchworth. Introductionem Hebraice Et Britannice Scripsit Solomon D. Sassoon. Trium Voluminum. Vol. III. Accessit S. M. Stern. Hafniae: Ejnar Munksgaard 1966, p. 403—426.
  cf. auch S. D. Sassoon in seiner „Introduction" zu Vol. I, Hafniae 1956, p. 13—54.
Bibliographie der Handschriften, Ausgaben, Übersetzungen und Kommentare der „Acht Kapitel":
  Joseph I. Gorfinkle: The Eight Chapters of Maimonides on Ethics (s. u.), p. 27—33 (unvollständig).
  Zu den englischen Rezensionen von Gorfinkle's Übersetzung cf. auch
  ders.: A Bibliography of Maimonides, in: Rabbi Dr. I. Epstein (ed.): Moses Maimonides, London 1935, p. 231—248.
    cf. ders. und Edna Bernstein: A Bibliography of Maimonides, New York 1932.
Bibliographie der Ausgaben und Übersetzungen der „Acht Kapitel":
  Jacob Israel Dienstag, in: Alei-Sefer 2, Bar-Ilan-Universität Ramat Gan/Israel, 1976, p. 53—64 (unvollständig).
Bibliographie der ungarischen Übersetzungen des Maimonides (hier nicht aufgenommen) bei:
  Sándor Scheiber: Maimúni Magyarországon, Budapest 1946 (= Jewish Studies in Memory of Michael Guttmann, ed. by S. Löwinger, Budapest 1946, p. 389—412), p. 9 zu den „Nyolc fejezet" (L. H. Feigl, A. Frisch, M. Havas).
Beschreibung des 1. Druckes der „Acht Kapitel" (zusammen mit dem Kommentar zu den „Pirke Abot") in der hebräischen Übersetzung des Samuel Ibn Tibbon (1160—1230) in Soncino 1484 oder 1485:
1. Joh. Bernardus De-Rossi: Annales Hebraeo-Typographici Sec. XV, Pars II, Parma 1795, p. 131 (Nr. 19). — (N. D.: Amsterdam 1969).
2. Gaetano Zaccaria Antonucci: Catalogo di opere ebraiche greche latine ed italiane stampate dai celebri tipografi Soncini ne' Secolo XV e XVI, Fermo 1868, p. 113. — (N. D. der Auflage Fermo 1870: Bologna 1970).
3. Giacomo Manzoni: Annali Tipografici dei Soncino, Parte Prima, Bologna 1886, p. 51—58 (Nr. 5).
4. Jacob Israel Dienstag, in: Alei-Sefer (s.o.), p. 63. (Nr. 26).

II. AUSGABEN VON „ACHT KAPITEL"

1. Übersetzungen

Anonym: De Acht hoofdstukken van Maimonides. Bevattende zijne zielkundige verhandeling. Het Hebreeuwsch op nieuw nagezien en

in het Nederduitsch vertaald, Groningen: typ. S. J. Oppenheim 1845, 149 p. 8°.
(Dienstag Nr. 28)

Anonym: Acht Abschnitte des Rabbi Moses John (!) Maimon, eines im zwölften Jahrhundert lebenden, unter dem Namen Rambam, auch Maimonidas (!), berühmten spanischen Philosophen. Eine theologisch-moralisch-psychologische Abhandlung. Aus dem Arabischen, Braunschweig: In Commission der Schulbuchhandlung, 1824, 2 p. L., 79 p. 8°.
(Dienstag Nr. 26).

M. M. Cohen: Zielkundige verhandeling, van Maimonides. Op nieuw uit het Hebreeuwsch vertaald en met aanteekeningen voorzien en vermeerderd, door M. M. Cohen, Jr. Assen, Van Gorcum, 1860, VI, (2), 92 p.
(Dienstag Nr. 14).

Simon Falkenheim: Die Ethik des Maimonides; oder, Schemonah Perakim aus dem Arabischen des RaMBaM und nach dem Ebräischen deutsch bearbeitet nebst einem Vorworte zur Beherzigung für unsere Zeit von Simon Falkenheim, Vorsteher einer Privat-Lehr- und Erziehungsanstalt, Königsberg: In Commission in J. H. Bon's Buch- und Musikalienhandlung, 1832, 4 p. L., LVI, 102, (1) p. 8°.
(Dienstag Nr. 21).

Joseph Izhak Gorfinkle: The Eight Chapters of Maimonides on Ethics (Shemonah Perakim). A psychological and ethical treatise. Edited, annotated and translated with an introduction by Joseph I. Gorfinkle, New York: Columbia University Press, 1912, XII, 104, 55 p. — (N. D.: New York: AMS Press 1966).

cf. I. Abrahams, in: Jewish Chronicle (Dec. 27, 1912), p. 27—28; G. A. Kohut, in: American Hebrew, vol. XCII, Nr. 26 (Apr. 25, 1913), p. 760; I. Husik, in: JQR, n. s. 4 (1914), p. 508—509; A. Cohen: Supplementary Notes to Gorfinkle's edition of Maimonides' Eight Chapters, ibid., p. 475—479; W. Rosenau, Jewish Comment (Baltimore), 14th. March 1913, vol. XI, p. 283.
(Dienstag Nr. 6).

Dr. P. H. Van Der Hoog: Rabbi Mozes Ben Maimon, Den Haag: Zuid-Hollandsche Uitgevers-Maatschappij o. J. (1938?), p. 97—144: „De acht Hoofdstucken".

Jacob Mantino: Praefatio Rabi Moysis Maimonidis Cordubensis Hebraeorum doctissimi in aeditionem moralem seniorum Massecheth Avoth apud Hebraeos Nuncupatam octoque amplectens capita eximio artium et medicinae doctore M. Jacob Mantino medico Hebraeo interprete, (Bologna), 1526, (19) L. 4°.

cf.: F. Wüstenfeld: Die Übersetzungen arabischer Werke in das Lateinische seit dem XI. Jahrhundert, 1877, p. 123

M. Steinschneider, in: Zunz Jubelschrift, 1884, p. 13, 20;

ders.: Hebraeische Übersetzungen, 1893, p. 145, 438, 673, 685, 976; Ch. Singer: The Jewish Factor in Medieval Thought, in: Legacy of Israel (ed. I. Abrahams), Oxford 1927, p. 241–242; ders.: Science and Judaism, in: The Jews (ed. L. Finkelstein, 1949), p. 1062; Muenster, in: Rassegna Mensile di Israel, 20 (1954), p. 310–321; D. Kaufmann, Jacob Mantino, in: REJ 27 (1893), p. 30–60 und 207–238; H. Derenbourg: Leon Africain et Jacob Mantino, in: ibid. 7 (1883), p. 283–285; C. Roth: The Jews in the Renaissance, 1959, p. 40, 77 ff., 80, 148 ff., 156, 161, 331; M. H. F. Koecher: Nova Bibliotheca Hebraica, Tom. I, Jena 1783, p. 839.

(Dienstag Nr. 16).

Die Vorrede von Jacob Mantino ist abgedruckt bei David Kaufmann: Jacob Mantino. Une Patge de l'histoire de la Renaissance, Versailles 1894 (=Revue des Études Juives XXVII, 1893), p. 51–52.

Eduard Pocock: Porta Mosis sive Dissertationes aliquot à R. Mose Maimonide, suis in varias Mishnaioth, sive textus Talmudici partes, Commentariis praemissae . . . Nunc primum Arabicè prout ab ipso Autore consceptiae sunt, latinè editae. Unà cum Appendice: notarum miscellanea, operâ & studio Edvardi Pocockii . . . Oxoniae: H. Hall 1655, 12 p. l., 355 p., 2 l., 436 p., 14 l. sm. 4°, p. 181–258 (verdruckt als 250): Octo Capitula a R. Mose Maimonide Commentario suo in Pirke Aboth praemissa. Der „Appendix Notarum Miscellanea" hat als Druckjahr: Oxoniae: H. Hall 1654 (!). – 2. Aufl. in: The Theological Works of . . . Dr. Edward Pocock, vol. I, London: R. Gosling 1740, p. 9–283; die „Acht Kapitel" p. 68–93.

cf.: Cecil Roth: Edward Pococke and the First Hebrew Printing in Oxford, in: Bodleian Library Record, vol. II, no. 27 (Aug. 1948), p. 215–219 (= Studies in Books and Booklore, 1972, p. 31–35); Israel Abrahams, in: Transactions Jewish Historical Society of England, 8 (1915–1917), p. 105; Falconer Madan, in: Oxford Books, vol. 3 (Oxford 1931), p. 45–46; Leonard Twells: The Life of the Reverend and Most Learnd Dr. Edward Pocock, in: The Theological Works of . . . Dr. Edward Pocock (s. o.), p. 2–84 (am Beginn von vol. I); Johann Fück: Eduardus Pocockius, in: ders.: Die Arabischen Studien in Europa, Leipzig 1955, p. 85–90.

(Dienstag Nr. 20).

Morris Jacob Raphall: The Hebrew review and magazine of rabbinical Literature. Vol. I: Tishri-Adav 5596/October 1834–March 1835, London 1835. – Zwischen den Seiten 110–369 in Fortsetzung: „Morality of the Rabbies. Schmonah Perakim Lerambam. Eight Chapters of Ethics. By Maimonides".

Victor Meyer Rawicz: Der Kommentar des Maimonides zu den Sprüchen der Väter, zum ersten Male ins Deutsche übertragen.

Voran gehen als Einleitung „die 8 Kapitel" deutsch übersetzt von Dr. M. Rawicz, Offenburg (Baden) 1910, 1 p. L., 114 p.

cf.: M. Brann: Geschichte des Jüdisch-Theologischen Seminars, 1905, p. 190; A. Heppner: Jüdische Persönlichkeiten in und aus Breslau, 1931, p. 37; S. Wininger: Große jüdische National-Biographie 5, p. 155.
(Dienstag Nr. 23).

Guglielmo Surenhus (Guilielmus Surenhusius): Mischna, sive totius Hebraeorum juris rituum, antiquitatum ac legum oralium systema, cum . . . Maimonidis et Bartenorae commentariis. Latinitate donavit ac notis illustravit. Vol. IV, Amstedolami 1702, p. 393— 399. 16°.

cf.: E. J., vol. 15, Sp. 524.

Cnaeus Cornelius Uythage: Explicatio Rabbi Mosis Maimonidis Cordubensis super Patrum, sive seniorum Judaeorum sententias, complectens octo capita, ubi praeclara multa, cum in Theologia, tum philosophia doctissime explicantur interprete. Cnaeo Cornelio Uythage . . . Lugduni Batavorum. Apud Petrum de Graef, 1683 (1) 1; 3—78 p. 16°.

cf.: M. Steinschneider, in: ZfHB 5 (1901), p. 22, no. 392; ders.: Bibliographisches Handbuch über die theoretische und praktische Literatur für hebräische Sprachkunde, p. 142; Jöcher, Allgemeines Gelehrten-Lexicon, III, 1953.
(Dienstag Nr. 1).

Raymond Weiss and Charles E. Butterworth: Ethical Writings of Maimonides. New York: University Press 1975, 182 p. (enthält u. A. auch eine neue englische Übersetzung der „Acht Kapitel").

Jules Wolff: Les huit chapitres de Maïmonide ou introduction à la Mischna d'Aboth. Maximes des pères (de la Synagogue). Traduits de l'Arabe par J(ules) Wolff, Lausanne: G. Bridel & Cie 1912, 78, (1) p. „Extrait de la Revue de Théologie et de Philosophie" (44 (1911), p. 345—370; 524—574). — 2e. édition, Paris: Librairie Lipschutz 1927, 78, (1) p.

cf.: Israelitisches Wochenblatt, vol. 55, no. 6 (Feb. 4, 1955), p. 33 (portr.), 41; no. 7 (Feb. 11, 1955), p. 35; Jules Bauer, in : L'Ecole Rabbinique de France (Paris, 1930), p. 186, 209.
(Dienstag Nr. 9).

Moses Maurice Wolff: Mose ben Maimun's (Maimonides) Acht Capitel. Arabisch und Deutsch mit Anmerkungen von Dr. M. Wolff, Leipzig: H. Hunger 1863, viii, 109, (2) p. 102—107: Zusätze, Berichtigungen des Pocock'schen Textes nebst den von Prof. Fleischer hinzugefügten sprachlichen Bemerkungen enthaltend.

cf.: A. Geiger, in: Juedische Zeitschrift für Wissenschaft und Leben 2 (1863), p. 282—283; Allgemeine Zeitung des Judenthums 27 (1863), p. 629—632 (= Nr. 41, 6. Oktober) und p. 647—648 (= Nr. 42, 13. Oktober); M. Steinschneider, in: H. B. 6 (1863), p. 137; M. Duschak: Illustrirte Monatshefte für die gesamten Interessen des Judenthums, Wien, 2. Band, 3. Heft Dez. 1865, p. 212—215

Musa Maimûni's (Maimonides) Acht Capitel. Arabisch und Deutsch mit Anmerkungen von Dr. M. Wolff. Zweite, vermehrte und verbesserte Ausgabe. Leiden: E. J. Brill 1903, 1 p. l., xv, 96, (1), 38 p. — P. 90—94: Zusätze, Verbesserungen des Pocock'schen Textes nebst Prof. Fleischers sprachlichen Anmerkungen.

    cf.: S. Bamberger, JJLg 2 (1904), p. 396: Jewish Encyclopaedia XII (1906), p. 553; S. Wininger: Große Jüdische Nationalbiographie 6, p. 315.

(Dienstag Nr. 11).

Allgemeine Zeitung des Judenthums, Jhg. 63, Nr. 45, 10. XI. 1899, p. 4.

    cf.: Moïse Schwab: Répertoire des Articles relatifs à l'histoire et à la littérature juives, parus dans les Périodiques, de 1665 à 1900, Paris: P. Geuthner 1914—1923, p. 509 zu „Wolf (M.)" und „Wolff (M.)". — (2. Aufl. mit engl. Titel: New York 1971).

2. Deutschsprachige Übersetzungen in hebräischer Schrift

Anonym: Wien: Joseph Hraschanzky 1798, 3 p., 68 p. 12° Wien, gedruckt bei Joseph Hraschanzky, k. k. deutsch und hebräischem Hofbuchdrucker und Buchhändler, in seinem eigenen Hause am alten Kienmarkte, im vormalig sogenannten alten Stempel-Amte der schwarzen Bürsten gegenüber, Nro. 529, im Jahre 1798.

(Dienstag Nr. 29).

Anonym: Basel: Wilhelm Haas 1804, Mitglied der Academie der mechanischen Künste in Berlin, 4 p., 104 p. 12°. — Der Herausgeber ist wahrscheinlich Salomon Coschelsberg. Die Übersetzung ist ein Nachdruck der Ausgabe von Wien 1798.

    cf.: J. Prijs: Die Baseler Hebräischen Drucke (1492—1866), bearbeitet von J. Prijs, ergänzt und hrsg. von B. Prijs, Olten und Freiburg 1965, p. 441—442, Nr. 297; Moritz Steinschneider: Catalogus librorum Hebraeorum in Bibliotheca Bodleiana. 2. Aufl. Berlin 1931 (ND: Hildesheim 1964), Sp. 1891 zu dieser Ausgabe: „Vers. Germ. sec. praef. ex Lat. (ut vid. Pocockii) facta est desiderio David Erdensohn".

(Dienstag Nr. 30).

Gotthold Salomon: Dessau: Moses Philippssohn 1809, 4 p., 83 p. 12°.

    cf.: Ph. Philippson: Gotthold Salomon (= Biographische Skizzen 3. Heft), Leipzig 1866, p. 38—39; Jewish Encyclopaedia X, p. 652—653; D. Philippson: The Reform Movement in Judaism, New York 1931 (Index); G. Salomon: Rabbi Moses Ben Maimon, in: Sulamith II, 2, 1809, p. 376—412; G. Salomon und J. Wolf: Der Charakter des Judenthums nebst einer Be-

leuchtung der unlängst gegen die Juden von Prof. Rühs und Fries erschienenen Schriften. 2. Aufl. Leipzig 1817, p. 85—87 (zum 4. der „Acht Kapitel").
(Dienstag Nr. 18).
Michael Wolf: Lemberg: M. F. Poremba 1876, 2 p., 102 p. 12°. Untertitel in lateinischen Buchstaben: Schmone Prokem Lrambam. Verlag von Michael Wolf. Druckt von M. F. Poremba in Lemberg 1876. — (Obwohl G. Salomon nicht genannt ist, basiert diese Ausgabe ganz auf der von Salomon).
cf.: W. Zeitlin: Bibliotheca Hebraica Post-Mendelssohniana 1895, p. 423—424; M. Steinschneider: H. B. 21, 1882, p. 44. (Dienstag Nr. 10).

3. Angezeigte Übersetzungen, die nicht erschienen sind

1. Wilhelm Totok: Handbuch der Geschichte der Philosophie, Bd. II/1: Mittelalter. Frankfurt 1970, p. 306 zu den „Acht Kapiteln": „engl.: The Treatise of ethics. Interpreted and comm. by S. B. Hurwitz, Tel-Aviv 1932, 176 S." — Es handelt sich hierbei um eine kommentierte *hebräische* Ausgabe der „*Hilkot Deot*" aus der „*Mishne-Torah*" des Maimonides von Schmarja Loeb Hurwitz. Tel-Aviv: Mizpan Publ. 1932, 176 p.
2. Julius Fürst: Bibliotheca Judaica, Bd. II, Leipzig 1851 (ND Hildesheim 1960), p. 310 (cf. Bd. I, p. 113): „Mich. Berr (in Nancy): Les huit Chapitres de Maimonide etc. trad. en franc.: Paris 1811, 8°" (cf. Gorfinkle: The Ethics, p. 32 identischer Titel, von Fürst übernommen; Dienstag: Alei-Sefer, p. 54—55, Nr. 4).
Zur Literatur über Berr cf. Dienstag Nr. 4, außerdem: S. Wininger: Große Jüdische National-Biographie I, 1925, p. 357—358; I. Broyde, in: E. J., vol. III, p. 103—104; E. Carmoly: Notice sur Michel Berr, in: Revue Orientale. Recueil Périodique d'histoire, de Géographie et de Littérature III, Bruxelles, 1843/44, p. 62—74 und 122—131.
M. Beer hatte 1811 die Übersetzung der „Les huit chapitres de Maimonide" in der franz. Übersetzung als „Chapitres de Métaphysique et de Morale" *angekündigt* (cf. Carmoly, p. 129 Nr. 41).
Noch im Januar 1815 im „Magasin Encyclopédique" und im Februar 1816 im „Mercure étranger" veröffentlichte er 10 Seiten unter dem Titel „Notice sur Maïmonide, philosophe juif du XIIe siècle" — *als Einleitung zu einer Übersetzung* „d'un traité de morale de Maïmonide" (cf. Carmoly, p. 70 Nr. 25). Die Übersetzung ist nie erschienen — ebensowenig die von H. Weyl 1931 (Festschrift Rosenheim, p. 154) angekündigte.

4. Teilübersetzungen (deutschsprachig)

Peter Beer: Leben und Wirken des Rabbi Moses ben Maimon, gewöhnlich Rambam auch Maimonides genannt. Prodrom und Einladung zur Subskription, auf eine, mit erläuternden Anmerkungen begleitenden deutschen Uibersetzung des von diesem hochgefeyerten Manne verfaßten hermeneutisch-philosophischtheologischen Werkes More nebuchim. Nebst einem Probebogen, Prag: Sommer 1834. — p. 31—35, 36—40, 42—43 freie Paraphrasen der Kapitel 1, 3, 4 und 8.

cf.: J. Bukofzer: Maimonides im Kampf mit seinem neuesten Biographen Peter Beer, Berlin: S. D. Schnitzer 1844

Nahum Norbert Glatzer: Rabbi Mosche Ben Maimon. Ein systematischer Querschnitt durch sein Werk. Ausgewählt, übertragen und eingeleitet von Nahum Norbert Glatzer, Berlin: Schocken 1935 (Bücherei des Schocken-Verlags Nr. 27/28). — p. 44—49: „Von den Scheidewänden zwischen Gott und Mensch" (Kapitel 7) und p. 100—103: „Über den Unterschied zwischen einem tugendhaften und einem sich selbst beherrschenden Mann" (Kapitel 6).

Unveränderter Nachdruck: Moses Maimonides. Ein Querschnitt durch das Werk des Rabbi Mosche Ben Maimon. Auswahl und Übertragung von Nahum Norbert Glatzer, Köln: Jacob Hegner 1966. — p. 53—58: „Von den Scheidewänden..." und p. 121—124: „Über den Unterschied..."

cf.: A. Altmann: Judaism 12, 1963, p. 195—202; Who's Who in World Jewry 1978, p. 312; Texts and Responses. Studies Presented to Nahum Norbert Glatzer, Leiden 1975; D. Stern: Werke jüdischer Autoren deutscher Sprache, p. 158—159.

Abraham Isaac Goldenblum: Probe einer neuen wortgetreuen Übersetzung der „acht Abschnitte" des Maimonides. Von A. I. Goldenblum. Abschnitt I: Von der Seele des Menschen und ihrem Vermögen, in: Das Morgenland; ein Central-Organ für Synagoge und Schule, wie auch für die Kritik, Geschichte und Literatur des Judentums, Jhg. I, Wien 19. April 1855, p. 91—92.

cf.: S. Wininger: Große Jüdische National-Biographie 2, 445.

Julius Höxter: Quellenbuch zur jüdischen Geschichte und Literatur. II. Teil: Spanien, Frankfurt: J. Kauffmann 1928 (2. Aufl. 1937). — p. 53—56: „Traktat Pirke Abot, Einleitung Schemona Perakim (acht Kapitel), Kap. 8".

Ernst (Akiba) Simon: „Pflicht und Neigung" (Kant und Schiller) bei Maimonides und in der neueren deutschen Ethik, in: Horizons of a philosopher. Essays in honor of David Baumgardt, Leiden: Brill 1963, p. 391—421. — p. 393—397: 6. Kapitel in „wörtlicher und sinngemäßer Übersetzung" von E. Simon. (= Brücken. Gesammelte Aufsätze. Heidelberg 1965, p. 184—204).

cf.: E. J., vol. 14, Sp. 1577—1578.

Kurt Wilhelm: Jüdischer Glaube. Eine Auswahl aus zwei Jahrtau-

senden. Hrsg. von Kurt Wilhelm, Birsfelden-Basel: Schibli Doppler
o. J. (Lizenzausgabe des Verlages Carl Ed. Schünemann, Bremen,
Sammlung Dietrich). — p. 147—150: 6. Kapitel und p. 150—153:
8. Kapitel (gekürzt). (Deutscher Text nach M. Wolff, Leiden 1903).
cf.: E. J., vol. 16, Sp. 515; H. Bergmann, in: K. Wilhelm
(Hrsg): Wissenschaft des Judentums im deutschen Sprachbe-
reich, Bd. I, 1967, p. V—IX.

Hermann Weyl: Maimonides „Schemonah Perakim". Neu übertragen
von Hermann Weyl, in: Festschrift für Jacob Rosenheim, Frankfurt a. M.: J. Kauffmann 1931, p. 154—160. — p. 154—156:
Einleitung und p. 156—160: 1. Kapitel.
cf.: Who's Who in World Jewery 1955, p. 816.

Hermann Weyl: Maimonides „Von den Scheidewänden zwischen
Mensch und Gott und ihre Art und Weise", in: ders. (Hrsg.):
Maimonides, Buenos Aires: Editorial Omega 1956, p. 215—221,
spanische Zusammenfassung p. 221—222 (7. Kapitel).

5. Teilübersetzungen (andere Sprachen)

Ermenegildo Bertola: Una traduzione medioevale dei „Scemoneh
Peraqim" („Gli Otto Capitoli") di Mose Maimonide, in: Rivista Di
Filosofia Neo-Scolastica LXI, 2—3, 1969, p. 165—184. — p.
178—184: Raby Moyses „De Anima Hominis et de Virtutibus
Eius" (Kap. 1, 4, 5, gekürzt, lateinische Übersetzung nach Vatican
MS 4561 fol. 16r—21v).

Abraham Cohen: The Teachings of Maimonides. Prolegomenon by
Marvin Fox, New York: Ktav 1968 (1. Aufl. 1927). — p.
258—306: „Ethics" (mit Auszügen aus den „Acht Kapiteln").

Gábor Deutsch und István Hahn: Maimuni-Szemelvények, Budapest
1935. — Auszüge aus den Kapiteln 4, 5 und 8.

Max Felshin: Moses Maimonides (Rambam), New York 1956. —
Kapitel IX: „The Ethics of Maimonides", — p. 137—141: 1.
Kapitel und p. 142—157: 8. Kapitel.

Nahum Norbert Glatzer: Maimonides Said. An Anthology. Selected
and Translated by Nahum N. Glatzer. New York: The Jewish
Book Club 1941. — p. 70—72: „The Prophets" (7. Kapitel, gekürzt).

Lenn Evan Goodman: Rambam. Readings in the philosophy of
Moses Maimonides. Selected and Translated by L. E. Goodman,
New York: The Viking Press 1976, p. 216—261: „The Ethics of
Maimonides", p. 216—220: „Introduction", p. 221—249:
„Shemonah Perakim", gekürzt Kapitel 1—8 und p. 250—261:
„Analysis".

P. José Llamas, O. S. A.: Maimónides des Siglo XII, Madrid o. J.
(1935). — Zwischen den Seiten 55—172: Auszüge aus den Kapiteln 1—8.

Dante Lattes: Letture Ebraiche, raccolte per cura di Dante Lattes, Roma 1949. — p. 158—159: La differenza fra l'uomo pio e colui che riesce a soggiogare le proprie passioni e a dominarsi (6. Kapitel, unvollständig).

Gilbert S. Rosenthal: Maimonides. His Wisdom for our time. Selected from His twelfth-century classics. Edited, newly translated and with an Introduction by Gilbert S. Rosenthal, New York: Funk and Wagnalls 1969. — p. 72—74: 8. Kapitel, gekürzt.

Henri Sérouya: Maïmonide; sa vie, son Oeuvre avec un Exposé de sa Philosophie, Paris 1951 (2° éd. Paris 1964). — p. 73—79: 1. Kapitel (vollständig).

Isadore Twersky: A Maimonides reader. Edited with introduction and notes by Isadore Twersky, New York: Behrman House 1972 (Library of Jewish Studies). — Enthält 28 p. „Acht Kapitel".

  Rez.: Warren Zev Harvey, in: Tradition, vol. 13, 2, 1972, p. 159—165.

Shubert Spero: The Faith of a Jew. Selections from Rabbi Moses ben Maimon (Rambam), New York 5709—1949 (Jewish Pocket Books No. 12). — An verschiedenen Stellen, cf. „References" p. 80—83, Auszüge aus den Kapiteln 1, 4, 7 und 8.

Armand H. Weyl: Les Huit Chapitres (Schemonah Perakim), in: Cahiers Juifs, no. 16—17, juil.-oct. 1935: Maimonide, sa vie, son oeuvre, son influence, Alexandrie-Paris 1935 (= Cahiers Juifs, IIIe Annee, Tome Deuxième). — p. 37—39: Einleitung von A. Weyl und p. 39—47: Die Einleitung vollständig, Auszüge aus den Kapiteln 1, 3 und 7.

Sylvain Zac: Maïmonide — Présentation, choix de textes, biographie et bibliographie par Sylvain Zac, Paris 1965 (Philosophes de tous les temps 20). — p. 107: 7. Kapitel, gekürzt, und p. 175—178: 4. Kapitel, gekürzt. (Nach der französischen Übersetzung von J. Wolff).

III. SEKUNDÄRLITERATUR

Alexander Altmann: Free Will and Predestination in Saadia, Bahya, and Maimonides, in: S. D. Goitein (Hrsg.): Religion in a Religious Age, Cambridge/Mass. 1974, p. 25—51.

Leo Bardowicz: Die rationale Schriftauslegung des Maimonides und die dabei in Betracht kommenden philosophischen Anschauungen desselben, Berlin 1893 (S. D. aus dem Magazin für die Wissenschaft des Judentums 19, 1892 und 20, 1893). — p. 23—32: Maimonides' Lehre von der „erworbenen Vernunft" und dem „höchsten Gute" und dem Gesamtzweck aller biblischen Vorschriften (= Magazin 19, 1892, p. 161—170).

Ermenegildo Bertola: La morale di Mose Maimonide, in: Saggi e

Studi di filosofia medioevale, Padova 1951, p. 117–138 (= Riv. di storia filosofia 4, 1949, p. 177–195).

Benzion Bokser: Morality and Religion in the Theology of Maimonides, in: Essays on Jewish Life and Thougt. Presented in Honor of Salo Wittmayer Baron, New York: Columbia University Press 1959, p. 139–157.

    cf.: ders.: The Legacy of Maimonides, New York: Philosophical Library 1950

Abraham Cohen: Maimonides' and Aristotle's Doctrine of the Mean, in: Jewish Chronicle Supplement (London), No. 45, 3rd October 1924, p. III–IV.

Hermann Cohen: Das Problem der jüdischen Sittenlehre. Eine Kritik von Lazarus' Ethik des Judentums, in: M. G. W. J. 43, 1899, p. 385–400 und p. 433–449 (= H. Cohen: Jüdische Schriften, Hrsg. von Bruno Strauß, Bd. III, Berlin 1924, p. 1–35. – Speziell zu den „Acht Kapiteln" in der Interpretation von Lazarus: p. 33–35).

Hermann Cohen: Charakteristik der Ethik Maimunis, in: Moses ben Maimon. Sein Leben, seine Werke und sein Einfluß. Hrsg. von der Gesellschaft zur Förderung der Wissenschaft des Judentums, Bd. I, Leipzig: G. Fock 1908, p. 63–134. (N. D. Hildesheim/New York 1971). (Rez.: Friedrich Niewöhner, in: Philosophischer Literaturanzeiger 25, 3, 1972, p. 130–137). (= H. Cohen: Jüdische Schriften Bd. III, s. o., p. 221–289).

    cf. hierzu: Leo Strauss: Philosophie und Gesetz, Berlin 1935, p. 119–122

A. Danzinger: Die Werte des Lebens. Beitrag zur Ethik des Rambam (Maimonides), o. O. (Leipzig: G. Becher) o. J. (1936?).

Herbert Davidson: Maimonides' Shemonah Peraqim and Alfarabi's Fusūl al-Madanī, in: Proceedings of the American Academy for Jewish Research 31, 1963, p. 33–50. – (Wieder abgedruckt in: Arthur Hyman (Hrsg.): Essays in Medieval Jewish and Islamic Philosophy, New York 1977, p. 116–133).

    cf. hierzu: Āl-Fārābī: Fusūl al-Madanī. Aphorisms of the Statesman. Edited with an english translation, introduction and notes by D. M. Dunlop, Cambridge: University Press 1961

Hirsch Graetz: Geschichte der Juden von den ältesten Zeiten bis auf die Gegenwart, 6. Bd., Leipzig 1861, p. 326–327.

Achad Ha-Am (Ascher Ginzberg): The Supremacy of Reason (1904; vom Hebräischen ins Englische von Leo Simon, in: Ten Essays on Zionism and Judaism, London 1922), in: Maimonides Octocentennial Series Nr. I, New York 1935 (N. D. New York 1973).

David Hartman: Maimonides. Torah and philosophic quest. Foreword by Shlomo Pines, Philadelphia: The Jewish Publication Society of America 5737 – 1976.

    cf.: E. J. Year Book 1977/8: Jerusalem 1978, p. 325.

Alfred Jaraczewsky: Die Ethik des Maimonides und ihr Einfluß auf die scholastische Philosophie des dreizehnten Jahrhunderts, in: Zeitschrift für Philosophie und philosophische Kritik, N. F., Bd. 46, Halle 1865, p. 5—24.

J. M. Jost: Geschichte des Judenthums und seiner Sekten, 2. Abtheilung, Leipzig 1858, p. 439—440.

S. Karpe: La morale du „Juste Milieu" dans Maimonide, in: Essais de Critique et d'histoire de Philosophie, Paris 1902, p. 97—107.

Lesser Knoller: Das Problem der Willensfreiheit in der älteren jüdischen Religionsphilosophie, Breslau 1884, p. 68—95. (= Diss. Leipzig 1884).

Moritz Lazarus: Die Ethik des Judenthums, Bd. I Frankfurt a. M.: J. Kaufmann 1898, Anhang Nr. 14, p. 386—391.

Louis-Germain Lévy: Maimonide, Paris: Félix Alcan 1911, Chapitre X: Morale Théorique, p. 169—190. (2. Aufl. Paris 1932).

Jehuda Melber: The Universality of Maimonides, New York: J. David 1968, Kap. 3: The Soul, p. 64—109 und Kap. 4: Freedom of the Will, p. 110—140.

Jacob S. Minkin: The World of Moses Maimonides. With Selections from His Writings. New York/London: Thomas Yoseloff 1957, p. 55—58 über die „Acht Kapitel"; zwischen p. 173 und p. 394 Auszüge aus den Kapitel 3, 4, 5, 7 und 8.

J. Münz: Mose ben Maimon (Maimonides). Sein Leben und seine Werke, Frankfurt a. M.: J. Kauffmann 1912, p. 50—52 und 64—65.

Friedrich Niewöhner: Sprache und religiöse Erkenntnis bei Maimonides am Beispiel „Willensfreiheit des Menschen", in: Miscellanea Mediaevalia Bd. 13/2: Sprache und Erkenntnis im Mittelalter, Berlin/New York 1981, p. 921—929.

Meir Orián: Maimonides, Maestro de Generaciones, Montevideo: Cominidad Israelita del Uruquay 1975 (aus dem Hebräischen von Zeev Zvi Rosenfeld), p. 189—217: La „Guida de los Perplejos" como Libro de Moral.

N. Pilosof: Esquema del pensamiento ético de Maimonide, in: Comentario 14, Buenos Aires 1967, p. 30—37 (= Comentario 9, Rio de Janeiro 1968, p. 51—58).

cf.: Index of Articles on Jewish Studies, Nr. 4, 1969, Jerusalem 1972.

Walther Riese: La pensée morale de Maimonide interprétée par les „Huit Chapitres", par le Prof. Walther Riese (USA), in: Revue d'Histoire de la Medecine Hebraïque, No. 54, 14. Jhg. No. 4, Dezember 1961, p. 149—153. (Zu J. Wolff's Ausgabe Paris 1927)

David Rosin: Die Ethik des Maimonides, Breslau: F. W. Jungfer 1876 (= Jahresbericht des jüdisch-theologischen Seminars Fraenkkel'scher Stiftung); auch selbständig erschienen: Breslau: H. Skutsch 1876. Rez.: 1) David Kaufmann in: 1: Magazine für die Literatur des Auslands 1876, p. 472; 2: ZDMG 30, 1876, p.

359–366. 2) in: Jahrbücher für jüdische Geschichte und Literatur, hrsg. von N. Brüll, IV. Jhg., 1879, p. 151–156.

Léo Roth: La puissance de l'Esprit, in: Cahiers Juifs 1935 (s. o. A. Weyl), p. 60–73; p. 60–62: La Doctrine Morale de Maimonide et les „Huit Chapitres".

   cf.: Leon Roth: L' impero.

Leon Roth: L'impero dell' intelletto?, in: La Rassegna Mensile di Israel (Roma/Milano) vol. X, 1; 5695 – 1935, p. 19–33, speziell p. 19–21: La morale di Maimonide e la sua opera ‚Gli Otto Capitoli'.

   cf.: Léo Roth: La Puissance.

Simon B. Scheyer: Das psychologische System des Maimonides. Eine Einleitungsschrift zu dessen More Nebuchim. Nach den Quellen bearbeitet von Dr. Simon B. Scheyer, Frankfurt: Hermann Johann Keßler 1845.

Byron L. Sherwin: Moses Maimonides on the Perfection of the Body, in: Listening. Journal of Religion and Culture, vol. 9, Nos. 1–2, Winter/Spring 1974, p. 28–38.

Bär Spiers: The Threefold Cord. Being sketches of Three Treatises of the Talmud, Sanhedrin, Baba Metsia and Baba Bathra. With an Appendix containing a Lecture on the Eight Chapters of Maimonides. By the Rev. B. Spiers, Dayan. London: Wertheimer 5651 – 1891, p. 113–127: A Brief Outline of the Eight Chapters of Maimonides. 2., erweiterte Auflage London 5653 – 1893.

   cf. vorher schon: The Jewish Chronicle London, No. 515, N. S., Friday, February 7, 1879 – Shebat 14, 5639, p. 11: The „Shemonah Perakim" of Maimonides (ohne Verfasser, ein Bericht über einen Vortrag von B. Spiers vor dem „Council Room of the Central Synagoge" über die „Acht Kapitel")

Ludwig Stein: Die Willensfreiheit und ihr Verhältnis zur göttlichen Präscienz und Providenz bei den jüdischen Philosophen des Mittelalters, Berlin: B. Baer 1882.

Leo Strauss: Maimonides' Statement on Political Science, in: Arthur Hyman (Hrsg.): Essays in medieval Jewish and Islamic Philosophy, New York: Ktav 1977, p. 164–179 (= Proceedings of the American Academy for Jewish Research XXII, 1953 p. 115–130).

Isadore Twersky: Introduction to the Code of Maimonides (Mishneh Torah), New Haven and London 1980 (= Yale Judaica Series vol. XXII), p. 459–468 „Attitude toward ascetism" (und „Index" p. 641 unter „Šemonah Perakim").

Armand H. Weyl: Sur les opinions caracterologiques et psychopathologiques de Maïmonide, in: Moïse Maïmonide. Numéro special édité par Le Judaisme Sepharadi, n. 29/30, 4° année, Paris Mai–Juin 1934, p. 78–80.

Hermann Weyl: Die „Acht Abschnitte" des Maimonides, in: ders. (Hrsg.): Maimonides, Buenos Aires 1956, p. 203–213, spanische Zusammenfassung p. 213–214.

R. L. Weiss: Wisdom and Piety. The Ethics of Maimonides, Chicago 1966.
R. L. Weiss: Ethics of Maimonides, in: Dimension. Union of American Hebrew Congregations, New York 1967, vol. I, p. 43–46.
R. L. Weiss: Language and Ethics: Reflections on Maimonides' Ethics, in: Journal of the History of Philosophy IX, 1971, p. 425–433.
Jules Wolff: Le Préface de Samuel Ibn Tibbon aux „Huit Chapitres" de Maïmonide, in: Revue de Théologie et de Philosophie (Lausanne), vol. 32, 1899, p. 183–189.
Maurice Wolff: Eschatologische Gedanken Mūsā ben Maimūn's mit Worten der Erinnerung an H. L. Fleischer, in: Actes du Huitième Congres Internationalistes des Orientalistes, Stockholm, Section I, Leiden: Brill 1891, p. 3–14.
    cf. „Acht Capitel", Vorwort p. VI.
Harry Austryn Wolfson: Repercussions of the Kalam in Jewish Philosophy, Cambridge/Mass. 1979, p. 204–214: „Free Will and Predestination Verses in Scripture".

Ergänzungen der 2. Auflage

Zu I., hier: Bibliographie zu den „*Acht Kapiteln*":

Jacob I. Dienstag, in: Jubilee Volume in Honor of Joseph B. Soloveitchik, ed. by S. Israeli, N. Lamm, Y. Raphael. Jerusalem/New York 1984, p. 469–512.

Zu III., hier: zum Begriff „*jüdische Philosophie*":

Friedrich Niewöhner: „Philosophie, jüdische", in: Historisches Wörterbuch der Philosophie, Bd. 7, Hrsg. von J. Ritter und K. Gründer, Basel 1989, Sp. 900–904.

–: zu Person und Werk des *Maimonides*:

Yeschaíahu Leibowitz: Vorträge über die Sprüche der Väter. Auf den Spuren des Maimonides. Obertshausen 1984.
Friedrich Niewöhner: Maimonides. Aufklärung und Toleranz im Mittelalter. Wolfenbüttel/Heidelberg 1988 (= Kleine Schriften zur Aufklärung 1).
Shlomo Pines and Yirmiyahu Yovel (ed.): Maimonides and Philosophy. Dordrecht 1986 (= International Archives of the History of Ideas 114).

ثمانية فصول

MÛSÂ MAIMÛNÎ'S

(MAIMONIDES')

ACHT CAPITEL.

ARABISCH UND DEUTSCH

MIT

ANMERKUNGEN

VON

DR. M. WOLFF.

Zweite, vermehrte und verbesserte Ausgabe.

LEIDEN,
BUCHHANDLUNG UND DRUCKEREI
vormals
E. J. BRILL
1903.

DEM ANDENKEN

MEINES INNIGGELIEBTEN VATERS

DES

Rabbiners LEWIN WOLFF

VEREHRUNGSVOLL

GEWEIHT.

VORWORT.

Wenn ich am späten Lebensabend es unternahm, die vor vier Decennien herausgegebene Schrift von Neuem (in veränderter Form) erscheinen zu lassen, so geschah es in dem Glauben, schon deshalb eine vergebliche Arbeit nicht befürchten zu müssen, weil Maimûnî's Abhandlung auch in der *jüngern* Generation Weiterverbreitung und volle Beachtung verdient.

Ein bestimmendes Moment war hierbei besonders der Umstand, dass es mir durch freundliches Entgegenkommen der Verwaltung der Königl. Bibliothek in Stockholm ermöglicht worden, dort den, nach Pocock's „porta Mosis" mit den nöthigen Verbesserungen gedruckten, arabischen Text mit der Handschrift der Berliner Königl. Bibliothek zu vergleichen und dadurch sicherer zu stellen.

Der Königl. Behörde für diese Freundlichkeit hiermit ehrerbietigst meinen Dank aussprechend, will ich nur beiläufig auf die Eigenthümlichkeit der gut geschriebenen Handschrift aufmerksam machen, das ج mit ג, das غ mit ג wiederzugeben, das Teschdîd durch Verdoppelung des betreffenden Buchstabens zu ersetzen und das Feminin-t (am Ende) nur ה ohne Punkte zu schreiben.

Was Pocock's verdienstvolles Werk betrifft, so enthält es ausser der vorliegenden Abhandlung noch einige andere, dem Mischna-Commentar des Maimonides (mit dem arabischen Titel

كتاب السراج, hebr. ספר המאור) entnommene, in arabischer Sprache und lateinischer Uebersetzung [1]).

Durch Hinzufügung der nöthigsten Vocale und Lesezeichen (die auch in der Berliner Handschr. gänzlich fehlen) suchte ich den Text lesbarer zu machen, wie es auch für den Leser bequemer geworden ist, die Anmerkungen *unter* der Uebersetzung zu sehen.

Die *Schreibweise* Maimûnî's (wie der anderen jüd.-arabischen Autoren), nämlich das Arabische mit hebräischen Buchstaben wiederzugeben, habe ich des Charakteristischen wegen beibehalten, wie es ja auch — si parva licet componere magnis — Munk und Andere gethan haben.

An seiner *Sprache*, die sich mehr dem Arabisch seiner Zeit zuneigt, etwas zu ändern, schien mir nicht berechtigt; wichtige sprachliche *Bemerkungen* von meinem unvergesslichen Lehrer Prof. Fleischer enthalten jedoch die „Zusätze".

Indem ich nun diese Schrift den Freunden der jüd.-arabischen Litteratur mit dem Wunsche übergebe, dass sie ihr Theil zur Verbreitung Maimûnîscher Ideen beitragen möge, hege ich zugleich die Hoffnung, dass sie bei Denselben — gewissermassen als ein Abschiedsgruss „מתוך דבר הלכה" — freundliche Aufnahme finden werde.

Gothenburg d. 30. März 1903.

WOLFF.

---

[1] Diesem Werke verdanke ich meine *Berichtigungen* verschiedener Stellen der hebräischen Uebersetzungen: in *Geiger's* Zeitschr. für Wissenschaft u. Leben V, 239 ff., 315 ff., VI 77 ff., IX, 222 ff., und in *Berliner's* Magazin für die Wissensch. d. Judenth. IV, 39 ff., sowie den *Stoff* zu dem beim Orientalisten-Congress in Stockholm gehaltenen Vortrage: eschatologische Gedanken Mûsâ b. Maimûn's (S. A. Leiden, Brill 1891).

EINLEITUNG.

Die jüdische Religionsphilosophie im Mittelalter erreichte ihre höchste Blüthe in Maimonides (Mûsâ b. Maimûn, von den Arabern Abû Amram b. Abdullâh genannt) [1].

Er war der universellste unter den jüdischen Denkern, mit der Bildung seiner Zeit vollkommen vertraut und nicht blos auf dem philosophischen Gebiete, sondern auch in der Mathematik, Naturwissenschaft und Medicin, welch letztere er ja auch praktisch ausübte, hervorragend. Dabei besass er eine so umfassende und gediegene rabbinische Gelehrsamkeit, dass er darin noch jetzt als eine der grössten Autoritäten angesehen wird.

Mit bewundernswerthem Fleiss und eminenter Sachkenntniss und Gründlichkeit hat er sein berühmtes rabbinisches Werk „Mischne Thora" (auch „Jad chasaka" genannt, weil es in vierzehn (יד) Bücher eingetheilt ist) ausgearbeitet. In diesem, besonders in den ersten Büchern Jesode ha-Thora und Deot benutzt er jede geeignete Gelegenheit, auch philosophische Fragen zu erörtern. Für diese jedoch ist von höchster Bedeutung sein Werk: „Dalâlat al-Hajirîn" (eig. die *Leitung* der Zweifelnden oder, wie gewöhnlich und dem mehr bekannten „More nebuchim", „doctor perplexorum" und „le guide des égarés" entsprechend, als „Führer der Verirrten" bezeichnet [2]).

---

1) Geb. in Cordowa 1135, den 30. März, am Tage vor dem Pessachfeste Er starb in Kairo, als Leibarzt des Fürsten Al-Afḍal und Rabbiner der dortigen jüd. Gemeinde, d. 13 Dec. 1204.

2) Der Kürze wegen schreibe ich im Folgenden immer „Führer."

Im „Führer" offenbart sich seine Geisteskraft im vollsten Reichthum, sein Geistesadel in wahrer Erhabenheit; dabei tritt seine tiefe Religiösität neben der ungehemmten Freiheit philosophischer Forschung so klar und lebendig hervor, dass dieses Werk trotz der heftigen Angriffe, die es zu einer Zeit von Fanatikern erfahren, die Leuchte verblieb, von der wahrheitsliebende und fromme Gemüther auf dem Wege des Lebens sich leiten liessen. Des „Führers" Gedanken drangen tief in die Seele Derer ein, die nicht mehr auf den Pfaden der naiven Rechtgläubigkeit zu wandern vermochten und erweckte in ihnen ein heiliges Verlangen, durch wahre Erkenntniss dem Gott sich zu nähern, der die ewige Wahrheit ist.

Und wie gross die Verehrung war, welche sogar die Rechtgläubigen unter den Juden, nachdem der erste Sturm gegen das mächtige Bollwerk der Geistesfreiheit — ein solches war in Wirklichkeit „der Führer" — zurückgedrängt worden und die früher aufgeregten Gemüther sich beruhigt hatten, davon giebt das allgemein verbreitete Wort Kunde: „von Mose (dem Gottesmanne) bis Mose (Maimûn's Sohn) stand Keiner auf, der Mose (dem Letzteren) glich" [1].

Frommen Sinnes beginnt Maimonides sein Werk, indem er mit dem Psalmisten betet: „thue mir den Weg kund, den

---

[1] Was „der Führer" für christliche Forscher war, ergiebt sich aus den Schriften des *Albertus Magnus*, des *Thomas von Aquino* (mit dem Ehrennamen „doctor angelicus") u. anderer Scholastiker, wie Joël in „Verhältniss Alb. d. Gr. zu Moses Maimonides" (Breslau 1863), „Etwas über den Einfluss der jüdischen Philosophie auf die christliche Scholastik" (Frankel's Monatsschr. IX, 205—217), *Guttmann* „das Verhältniss des Thomas v. Aquino zur jüd. Litteratur" (Göttingen 1891) und auch in seiner neuesten Schrift „die Scholastik des 13 Jahrh. in ihren Beziehungen zur jüd. Litteratur" (Breslau 1902) zur Genüge nachgewiesen haben.

In der Abhandlung von *Kaufmann*: „der ‚Führer' Maimûnî's in der Weltlitteratur" (Stein's Archiv für Geschichte der Philosophie, XI 335 ff.) ist auch (Seite 341) von der Aufnahme des „Führers" bei den *Muhammedanern* die Rede. Bei dieser Gelegenheit erfahren wir auch, dass Maimûnî es streng untersagt habe, den „Führer" in *arabischen* Schriftzügen zu vervielfältigen — vermuthlich, um fanatische Muhammedaner nicht aufzureizen. — Zu vergleichen ist noch die in humanem Geiste abgefasste Schrift des bekannten Naturforschers H. J. Schleiden: „die Bedeutung der Juden für Erhaltung und Wiederbelebung der Wissenschaften im Mittelalter."

ich gehen soll; denn zu Dir erhebe ich meine Seele" (Ps. 143, 8). Hierauf bricht er in die Worte aus: „zu euch, ihr Männer, rufe ich und meine Stimme ertönt zu den Menschenkindern: ‚neige dein Ohr und höre die Worte der Weisen und wende dein Herz zu meiner Lehre'." (Spr. 8, 4; 22, 17).

Es ist nicht seine Absicht, sagt er dann, für die grosse Menge oder für Anfänger in den Studien oder auch für den zu schreiben, der *nur* mit rabbinischen Studien sich beschäftigt, sondern, seinem Gegenstande gemäss, für den religiös Gesinnten, in dessen Seele die Wahrheit der Gotteslehre bereits als Glaube eingedrungen ist und dessen Leben sie geheiligt hat, der aber auch *philosophisches* Wissen sich angeeignet, der Leitung der Vernunft folgt, jedoch durch die *buchstäbliche* Fassung des Gotteswortes in Verwirrung gerathen ist. Die heilige Schrift konnte aber der *bildlichen* Darstellungsweise nicht entbehren, da der Mensch im Allgemeinen nicht so leicht im Stande ist, eine klare Einsicht in metaphysischen Dingen zu gewinnen. Um nun nach Möglichkeit die bildlichen Ausdrücke und die Gleichnisse der Schrift zu erklären, die *wesentliche* Übereinstimmung der göttlichen Lehre mit der Philosophie zu beweisen und dadurch die Zweifler unter den Philosophirenden und wahrhaft religiös Gesinnten zu einer festen Überzeugung und zur wahren Erkenntniss Gottes zu führen, hat er sein Werk verfasst.

Diese *Erkenntniss* ist das Ziel seines Strebens, ihr *Endzweck* aber ist die wahre und innige *Anbetung* Gottes. Denn je mehr der Mensch, von der *Vernunft* geleitet, über Gottes Wesen nachdenkt und es in seiner Grösse erkennt, destomehr hat er das Verlangen, sich Gott zu nähern und ihn zu verehren.

Ja, wenn man von Gott und seinen Werken, soweit das Denkvermögen reicht, einen rechten Begriff gewonnen, dann *heiligt* man sich ihm vollständig, und auf diese Weise wird das Band zwischen dem Menschen und Gott, die *Vernunft*, mehr und mehr gestärkt und die im Gottesworte vorgeschriebene *Liebe* zu Gott erweckt.

In dieser Liebe hat die Religion, wie alles menschliche Wissen die *Vollendung* erreicht und dieser Höhepunkt des Lebens ist es, dem der denkende Menschengeist nachzustreben hat.

Ist er dahin gelangt, so spiegelt sich im Menschen*leben* das *Göttliche* wieder und drückt darauf das Gepräge der *Ewigkeit*: „Gottes Wille ist dann zum Willen der Menschen geworden" [1]).

Wie Maimonides aber auch die allumfassende *Menschenliebe* als die höchste, sittliche Vollkommenheit, zu der die Gotteserkenntniss führen muss, betrachtet, zeigt sich in klarster Weise in den Worten, mit denen er den „Führer" abschliesst.

Hinweisend auf die prophetischen Worte (Jerem. 9, 23—24) sagt er: „der Prophet will hier in keiner Weise behaupten, dass die blosse *Erkenntniss* Gottes die höchste Vollkommenheit gewährt: er will vielmehr verkünden, dass diese Erkenntniss nur im Vereine mit der rechten *Auffassung seiner Wege*, d. i. seiner Eigenschaften und Werke zum Ruhme gereichen könne, und er will uns lehren, dass die Werke, die wir kennen gelernt und denen wir *nachfolgen* sollen, sind: *Liebe, Recht* und *Gerechtigkeit*, ‚denn daran, sagt der Ewige, habe ich Wohlgefallen'; und dies bedeutet: es ist mein Wille, dass ihr *Liebe, Recht* und *Gerechtigkeit* auf Erden ausübet" [2]).

---

1) Nach *Abot* II, 4.
2) S. „Führer" a. a. Orte (Munk's Ausgabe III, 437 ff. — Vrgl. u. a. die *Bibelstellen* 6, 5; Lev. 19, 18; Deut. 10, 12; 16, 20; 18, 13; Jes. 1, 17; 32, 17; (Deuter.) Jes. 58, 7—11; Hosea 6, 6; Micha 6, 8; Ps. 11, 7; 14, 34; 31, 24; 40, 9, 10; 106, 3; Spr. 3, 27; 14, 34 und die zur höchsten *menschlichen Vollkommenheit* mahnenden Worte Levit. 19, 2, sowie das, die *volle Hingebung* an Gott ausdrückende Psalmwort 73, 25.

In den angeführten Worten Jeremia's ist „בארץ" bemerkenswerth: also *überall* und gegen *Alle*, auch, wie das Bibelwort mehrfach lehrt, gegen Feinde.

Dass das klassische Alterthum von solcher *allgemeinen* Menschenliebe keine Ahnung hatte und wie sogar bei Aristoteles eine solche sich nicht findet, dürfte bekannt sein. Hat doch dieser grosse Geist (infolge der in Hellas herrschenden politischen und socialen Verhältnisse, über die auch *er* sich nicht zu erheben vermochte) die seiner so unwürdige Auffassung von der *Sklaverei*, dass nämlich der Sklave als von der *Natur* dazu bestimmt und als zu jeder *freien Willensäusserung* unfähig zu betrachten, daher auch nur zum Dienste der Hellenen zu verwenden sei. (S. Polit. I, 3—5, I, 13 u. vgl. Poëtik 10, 15). Auf Grund dieser Anschauung erklärt er auch, dass der Sklave, als des wahren *Wesens* des Menschen entbehrend, keine *Glückseligkeit* erlangen

Einleitung   XI

So sucht Maimonides durch die *Erkenntniss* Gottes im wahren Geiste des Judenthums zur *Gottesliebe* und allgemeiner *Menschenliebe* und auf diese Weise zu *sittlicher Vollendung* zu führen. Mit ihm stimmen auch die anderen jüdischen Religionsphilosophen überein, die *darin* das höchste Ziel der Religion sehen [1]). Diesem Hauptzwecke menschlichen Denkens und Lebens ist

---

könne (S. Eth. Nic. X 6, 8). Die Sklaverei wird nur in dem Falle für verwerflich angesehen, wenn *Stammverwandte* der Griechen, also, nach griechischem Begriff, von *Natur freie Wesen* zu Sklaven gemacht werden (S. Polit. I, 8).

Wie human sind dagegen die in echt demokratischem Geiste abgefassten Bestimmungen für den jüdischen Staat! Und wie bedeutungsvoll ist der Ausspruch R. Asai's die Worte der Schrift (Gen. 5, 1) „dies ist das Buch der Geschlechter Adams" enthalten einen grossen Lehrsatz כלל גדול בתורה), nämlich den von der Gleichheit aller im Ebenbilde Gottes geschaffenen Menschen. (Midr. R. Sect. 24 u. Sifra Kedoschim).

Das *Gefühl* der Liebe ist auch dem Menschenherzen so eingepflanzt, dass es wohl zu keiner Zeit und bei keinem Volke ganz gefehlt, wenn es auch im *Leben* sich seltener bethätigt hat: die bekannten Worte der *Antigone* (523): οὔτοι συνέχθρειν, ἀλλὰ συμφιλεῖν ἔφυν haben sicherlich auch in der alten Zeit in manchen Herzen Wiederklang gefunden.

Hier mögen auch die herrlichen Worte eine Stelle finden, die der edle, als Sprachforscher und Staatsmann hochberühmte W. v. Humboldt ausgesprochen: „Wenn wir eine Idee bezeichnen wollen, die durch die ganze Geschichte hindurch in immer mehr erweiterter Geltung sichtbar wird, wenn irgend eine die vielfach bestrittene, aber noch mehrfacher missverstandene Vervollkommnung des ganzen Menschengeschlechtes beweist, so ist es die Idee der *Menschlichkeit*, das Bestreben, die Grenzen, welche Vorurtheile und einseitige Ansichten aller Art feindselig zwischen die Menschen gestellt, aufzuheben und die *gesammte Menschheit, ohne Rücksicht auf Religion, Nation und Farbe als Einen grossen verbrüderten Stamm*, als Ein zur Erreichung Eines Zweckes der freien Entwickelung innerlicher Kraft bestehendes Ganzes zu behandeln. Es ist das letzte, äusserste Ziel der Geselligkeit und zugleich die durch seine Natur selbst in ihn gelegte Richtung des Menschen auf unbestimmte Erweiterung seines Daseins." (Über die Kawi-Sprache III, 426).

1) So sagt auch schon Abraham ibn Daud (geb. 1110, gest. 1180) in seinem Werke: Emûna râma (ed. Weil S. 100, 128; der arabische Titel ist: al-'aḳidat ar-rafîat, der ar. Text nicht zu finden): „das Gebot: 'du sollst den Ewigen deinen Gott lieben von deinem ganzen Herzen, von deiner ganzen Seele und deinem ganzen Vermögen' enthält auch die Pflicht, Erkenntniss Gottes zu gewinnen. Denn wir können unmöglich einen Gegenstand innig lieben, ohne ihn zu kennen. Deshalb muss man die Kenntniss von Gottes erhabenen Eigenschaften und Werken erstreben. Wenn dies in rechter Weise geschehen, so wird das Herz, Seiner unendlichen Grösse entsprechend, mit Liebe zu Ihm erfüllt". Dass hieraus nothwendig die *Menschenliebe* entspringt, ist selbstverständlich. Die vollkommene Gottesliebe wird auch von Philo (de profugis ed. Ritter p. 122) als das Höchste im Menschenleben (ἔρωτι καὶ φιλίᾳ θεοῦ ἀσάρκῳ καὶ ἀσωμάτῳ κατεσχῆσθαι) dargestellt und Spinoza bezeichnet (Eth. I, 27 u. 32) „amor intellectualis" als die „Quelle der reinsten Glückseligkeit". S. m.: „die Philonische Ethik" (Philosophische Monatshefte 1879).

Maimonides' *grosses* Werk gewidmet. Aber auch die *kleine*, in seinem ersten Mannesalter verfasste Schrift, die „acht Capitel" (ثمانية فصول), hebr. שמונה פרקים) strebt dem hohen Ziele zu, die ganze Lebensführung des Menschen auf den Endzweck des Lebens, sittliche Vollkommenheit, zu richten: auch das an sich *Materielle* soll in den Dienst des *Ideellen* gebracht und auf diese Weise das ganze Menschendasein Hoheit und Heiligung gewinnen, vom Strahle des Göttlichen erleuchtet werden. Dies ist der Grundgedanke, der sich durch das in gedrängter Kurze und Praegnanz dargestellte *System der Ethik* — denn als solches sind die „acht Capitel" zu betrachten — zieht, und die darin in vollster Klarheit entwickelten *Ideen* (Nebensächliches abgerechnet) haben darum noch für unsere Zeit hohe sittliche Bedeutung [1]).

Bescheiden spricht er sich in einem kleinen Vorworte dazu darüber aus, dass er nichts Neues, Selbsterfundenes (אגראיץ אבתכרתהא אנא מן נפסי ולא שרוח אבתדעתהא אנא) sondern nur das aus *rabbinischen* und *philosophischen* Schriften Gesammelte darstellen wolle.

Unter den Letzteren sind natürlich besonders Aristoteles' „de anima" und „ethica nicomacha" verstanden.

Wie mächtig die Speculationen der griechischen Philosophen [2])

---

1) Bekanntlich ist diese Schrift in dem schon erwähnten كتاب السراج (über welches Werk *Geiger's* Moses b. Maimon S. 23 ff. *Frankel's* Hodegetik S. 320 u. *Grätz*, 'Geschichte der Juden' VI, 326 zu vergl. sind) die Einleitung zum Tractat „Abot". — *Ethische* Lehren M.'s die an verschiedenen Stellen seiner Werke vorkommen, hat Dr. Rosin in seinem verdienstvollen Buche: „die Ethik des Maimonides" (Breslau, 1876) zusammengestellt und wissenschaftlich behandelt.

2) Wie auch *Empedokles* auf einen jüdischen Religionphilosophen Einfluss hatte, ersehen wir aus der neuesten Programm-Abhandlung von Dr. Horowitz: „der Mikrokosmos des Jos. Ibn Ṣaddiḳ" S. III (Breslau 1903). Merkwürdig aber ist, dass sich sogar im *Talmud* eine Spur von Bekanntschaft mit *Thales'* Lehre vom Wasser als *Urstoff* der Welt (freilich erst durch die *Gnostiker* vermittelt) vorfindet. In der bekannten Stelle (Chag. 14b), wo von den „Vieren, die in den Pardes" — bildliche Bezeichnung metaphysischer, besonders kosmogonischer Forschungen der Gnostiker — eingingen, wird nämlich von dem Vierten (Akiba) berichtet, er habe zu seinen Genossen gesagt: „wenn ihr zu den glänzenden Marmorsteinen (d. i. zu den wie weisser

besonders Plato's und Aristoteles' — „der beiden Säulen der Philosophie" (كَرُكنا الفَلسَفة) wie die Araber sie nennen — auf die jüdische Religionsphilosophie eingewirkt, ist ja bekannt, und für Maimonides ist vorzüglich Aristoteles „der Philosoph", dem er, wie früher Philo zumeist Plato, in seinen philosophischen Betrachtungen mit Vorliebe folgt, von dem Gedanken der *wesentlichen Identität* der wichtigsten Lehren des Judenthums mit den Ideen des Stagiriten, dessen Philosophie er durch die arabischen Philosophen, besonders *Ibn Sina* (Avicenna) kennen gelernt, ausgehend. Dass er jedoch in manchen Punkten, wie z. B. dem die *Ewigkeit der Welt* betreffenden, von ihm gänzlich abweicht, zeigen viele Stellen in seinem „Führer".

Auf die *einzelnen* in den „acht Capiteln" behandelten Fragen hier näher einzugehen, scheint mir überflüssig: der *Inhalt* und die ganze *Darstellung* derselben sind so klar, dass der aufmerksame Leser keiner besondern, einleitenden Auseinandersetzung bedarf. Eins sei jedoch noch erwähnt, nämlich betreffs der im *vierten* Capitel nach Aristoteles behandelten „rechten Mitte". Wie Rosin (a. a. O. S. 25) richtig anmerkt, konnte Maimonides dem Stagiriten hierbei um so leichter folgen, als auch in der *Bibel* Ähnliches gelehrt (so Spr. 4, 26; 30, 8 und Koh. 7, 16—18) und im *jerus. Talmud* (Chag. II), von den „zwei Wegen (betreffs) der Thora" bildlich in folgender Weise gesprochen wird: „auf dem einen Wege ist *Feuer*, auf dem andern *Schnee*; wer dem Feuer zu nahe kommt, wird von ihm verzehrt, wer in den Schnee zu weit eindringt, erfriert und stirbt darin. Was ist zu thun? Man muss in der Mitte wandern" (was wohl bedeutet: sich im religiösen Leben vor der Gluth des Fanatismus sowohl, wie vor der eisigen Kälte des Verstandes hüten, sondern mit warmer Hingebung

---

Marmor glänzenden Eis- und Schneemassen) kommt, so rufet nicht aus: Wasser, Wasser (d. i.: in diesen Massen sehen wir den Urstoff der Schöpfung), denn es heisst (Ps. 101, 7) „Lügner werden nicht vor meinen Augen bestehen". — So lautet auch eine andere talmudische Stelle: „Wer da sagt, dass im Anfange die Welt aus Wasser in Wasser bestanden, der entstellt den Garten des Königs", (d. i. hat eine falsche Ansicht von der Weltschöpfung). Jerus. Chagiga 11, 77.

und ruhigem, klarem Denken die Religionswahrheiten umfassen.

Und diese „Mitte" hat Maimonides mit unwankender Treue festgehalten: die Wärme des *Glaubens*, mit klarer *philosophischer* Forschung vereint, wie mit Begeisterung für die Wahrheit verkündet, tritt uns in seinen Speculationen überall entgegen, wenn auch Manches in seinem Streben nach Harmonie mit der aristotelischen Philosophie als *gezwungen* erscheinen muss.

Zum Schluss habe ich noch eine heilige Pflicht zu erfüllen: meinem hochverehrten Lehrer Fleischer für das lebhafte Interesse an dieser Arbeit bei ihrem ersten Erscheinen und die sprachlichen Beiträge zu derselben, wie überhaupt für all das Wohlwollen und die wahrhaft väterliche Freundschaft, die er mir bis zu seinem Heimgange geschenkt, aus tiefem Herzensgrunde meinen Dank in die Ewigkeit nachzurufen.

Was der Verklärte in der Gelehrtenwelt war und was er Grosses besonders in der Sprachwissenschaft des Orients geleistet hat, wird dankbar von Allen, die sein unermüdliches geistvolles Schaffen kannten, insbesondere von seinen Schülern, allezeit nach vollstem Verdienst gewürdigt werden. Was er als *Mensch* war, habe ich vor Jahren aus innerem Drang in öffentlicher Versammlung zu schildern versucht, und sei es mir gestattet aus dem dort Ausgesprochenen [1]) einige Worte anzuführen.

„Heinrich Leberecht Fleischer war ein *Mensch* in des Wortes edelster und vollster Bedeutung: ein Abglanz der ewigen Liebe durchstrahlte und verklärte sein ganzes Wesen. Wie leuchtete diese Liebe Jedem entgegen, der das Glück hatte, ihm nahe zu stehen! . . . . . Aber auch, wer ihm nur seltener sich nähern konnte oder auch nur aus der Ferne mit ihm in Beziehung zu treten Gelegenheit fand, musste bald inne werden, dass in dieser Persönlichkeit mit der Grösse und Hoheit des Geistes Wärme und Innigkeit des Herzens in schönster Harmonie sich

---

1) Orientalisten-Congress in Stockholm. S. den schon erwähnten Vortrag.

verband.... Fleischer war ein echter Priester der *Humanität*!"
.... Wollen wir sein innerstes Wesen durch ein einziges Wort
kennzeichnen, so ist es das, was *Philo* als die allgemeine, alles
Edle in sich fassende Tugend (ἡ γενικὴ ἀρετή) darstellt: ἀγαθότης,
die Güte und Reinheit des Herzens, die Vortrefflichkeit und
Wahrhaftigkeit im Denken, Wollen und Streben, die hingebende
Liebe zu Allem, was der Menschengeist als gross und erhaben
erkannt."

Möge der edle Mann zum leuchtenden Vorbilde für alle Geschlechter werden!

פירו' מסכת אבות לרב הגדול המובהק
מורנו הרב רבנו משה בן מימון ז"ל

אמר שמואל

בן יהודה אבן תבון זאת המסכת ר"ל מסכת אבות ידוע' מסדר ישועו' סדור'
בין מסכת עדיות ומסכת ע"ז ולא מצא לה גמרא והרב הגדול רבי' משה
בן מימון ז"ל פירשה בלשון הגרי בכלל פירושו למשנת שיתא סדרי פירשה
כלה בלשון ההו' והרחיב במסכת הזאת המאמר להיותה יקרה בענינו מפני
שהי' מדבר במדות האד' החשובו' והיושר' והתחוונו' והמעוונות אחר החשובנות
והיושרות מהן מפנות הדרך ומסקלות המסלה העולה אל המעלות השכלי'
כמו שאמר החכם שמע עצה וקבל מוסר למען תחכם באחריתך ובת
ובמעלות השכליו' ישיג המשיב אל ידיעת בוראו כמו שאמ' החכ' הנזכר על
החכמה אם תבקשנה ככסף וכמטמונים תחפשנה אז תבין יראת ה' ודעת
אלהים תמצא כלומ' בבקשך החכמה ככסף והפשך אותה כמטמונים ר
צונ'ה בזה בקשה וחפוש בזריזות והשתדלות יתרה שהמבקש על דרך הזאת
אין ספק שימצא מבוקשו ויביע אלינו · אז תבין יראת ה' ונתביע אל ידיעתנו
ר"ל בהבנתנו יראת ה' הבנת אמתת דעות התורה שהיא יראת ה' שהיו בידנו מ
מקובלים לבד קודם בקנית החכמה וכחכמה ידע אמתתם והכירה בהם
רצונ'ה לומ' במציאות דעת אלהים סידע מציאות ה' יתבר' במציאות מופת
לא בקבלה לבד כאשר היה לפני בקנו החכמה וידיעת ה' יתברך אין ספק
שהיא תכלית האדם כמו שאמ' הנביא ע"ה כי אם בזאת יתהלל המתהלל הש
השכל וידוע אותי כי אני ה' עשה חסד משפט וצדקה בארץ כי באלה חפצתי
נאם ה' · ונא"עם שהרב ז"ל פיר' זה הפסוק פירו' טוב בפרק נ"ד מן החלק ה
השלישי מספר מורה הנבוכים וחדש לנו בן חדוש גדול לא יערכנו זהב
וזכוכית וכו' מה שהבין ממל' בארץ יש לי בפירושו תוספת מעט ראייתיהו
לזכרו הנה שפי' קנת תלונתינו דרך אחרית והס באלה חפצתי יש לי
בהן חדוש אין נפק אצלי בטובו ואמתתו · כמו
א ב

Titelseite, gleichzeitig Beginn (der Einleitung des Übersetzers und)
der ersten Ausgabe der „Acht Kapitel" in der hebräischen Übersetzung des Samuel ben Jehuda Ibn Tibbon, Soncino 1484 oder 1485.
Verkleinerte Wiedergabe 1:0,896. (The Jewish National And University Library Jerusalem: RI 71 A2884)

ERSTES CAPITEL.

VON DER SEELE DES MENSCHEN UND IHREN KRÄFTEN.

Wisse, dass die Seele des Menschen eine Einheit ist, aber mit mehreren und verschiedenen Thätigkeiten. Einige dieser Thätigkeiten [1]) werden wohl auch Seelen genannt, und daher meint man, dass der Mensch mehrere Seelen habe, wie die Aerzte glauben, deren Meister sogar gleich von vornherein den Satz aufstellt, es gebe drei Seelen: eine natürliche, eine animalische und eine psychische [2]). Sie werden aber auch Kräfte und Theile

---

1) Da بَعْض wie كُلّ, جَمِيع und غَيْر in der Regel den Genitiv nach sich hat, musste es auch hier als in der اَضَافَة zu اَصْاَعِيل תלך אלאפאעיל stehend, mit ihm das Subject bildend und תסמי passivisch genommen werden; und so giebt auch Ibn-Tibbon selbst die Worte des Originals richtig durch יקראום קצת הפעולות ההם נפשות wieder.

Der activischen Fassung des תסמי, die wir in dem Commentare zu Ibn-Tibbon's Uebersetzung, Chesed Abraham, finden: קצת חכמי המחקר קראו אותן הפעולות נפשות, steht schon das Feminingeschlecht von תסמי entgegen. Wenn בעץ soviel als בעץ אלחכמא sein könnte, müsste es nach feststehendem arabischen Sprachgebrauche, mit Rücksicht auf das natürliche Geschlecht von חכמא in Verbindung mit dem grammatischen Geschlechte von בעץ, durchaus יסמי heissen.

2) Hiermit ist bekanntlich Hippocrates gemeint, der Schöpfer der medicinischen Wissenschaft, die er als „die vorzüglichste aller Künste" (τεχνέων πασέων ἐπιφανεστάτη) bezeichnet. S. „Hippocratis Lex" in dem grossen Werke von Kühn, p. 3. Dieser Eintheilung der Seelenkräfte, die mehr allgemeiner Natur ist, begegnen wir auch bei Maimuni, so z. B. „Führer" III, 12 (ed. Scheyer p. 57, ed. Munk p. 21a), wo er davon spricht, wie die göttliche Gerechtigkeit sich darin kund gebe, dass in der ganzen Schöpfung sämmtliche Individuen Einer Gattung gleich gebildet werden; dort heisst es nun: הכחות כלם הטבעיות והנפשיות והחיוניות והאברים הנמצאים בזה האיש הם הנמצאים באחר בעצם.

genannt, so dass man von Theilen der Seele spricht. Dieser Benennung bedienen sich oft die Philosophen; doch wollen sie mit dem Worte „Theile" nicht sagen, dass die Seele nach Art der Körper in Theile zerfalle, sondern sie zählen nur ihre verschiedenen Thätigkeiten auf, die sich zur Totalität der Seele wie die Theile zu dem aus diesen zusammengesetzten Ganzen verhalten. — Du weisst, dass die Veredelung der Sitten nichts anders als die Heilung der Seele und ihrer Kräfte ist; wie nun der Arzt, der die Körper zu heilen hat, vor Allem den zu heilenden Leib (ich meine: den menschlichen Leib) im Ganzen kennen und wissen muss, welches seine Theile sind, wie es ferner für ihn nothwendig ist, zu wissen, welche Dinge denselben krank machen, damit diese gemieden, welche hingegen ihn gesund machen, damit diese gesucht werden: so muss auch Derjenige, welcher die Seele heilen soll und die Sitten veredeln will, die Seele im Ganzen und in ihren Theilen kennen und ebenso das, was sie krank und was sie gesund macht[1]). Daher sage ich nun, dass die Seele fünf Theile hat: den ernährenden, den empfindenden, den vorstellenden, den begehrenden und den rationellen Theil[2]). Wir haben aber bereits in diesem Abschnitte

---

1) In wesentlich gleichem Sinne spricht Philo über den Seelenarzt, als welchen er den Philosophen ansieht (s. quod omn. pr. l. I, 2, welcher Schrift der bedeutende Philo-Forscher Wendland im „Archiv f. Gesch. d. Phil." I, 509 ff. die Autorschaft des Alexandriners zuerkennt) in der von Diesem herausgegebenen Schrift „über die Vorsehung" S. 53. „Es sollen", sagt er, „die Philosophen als die Seelenärzte sich .... mit der Seele beschäftigen und sie untersuchen, ob etwa ihre Bewegungen durch Zorn gestört sind, die Zunge, ob sie rauh und schmähsüchtig, unzüchtig und zügellos ist, den Leib, ob er der Sitz massloser Begierden ist, kurz alle Leidenschaften, Krankheiten und Gebresten beobachten." Vgl. diese, von den Stoikern beinflusste Schrift und die gediegene, streng wissenschaftliche Behandlung derselben Seitens Wendlands. (Berlin 1892, Gaertners Verlag.).

2) Maim. stimmt hier in der Aufzählung der Seelenkräfte bis auf Eine genau mit Aristoteles überein. Dieser lehrt de anima II, 3: δυνάμεις δὲ εἴπομεν

erklärt, dass wir nur von der menschlichen Seele reden, indem z. B. die **Ernährung** bei dem Menschen nicht dieselbe ist, wie die bei dem Esel und dem Pferde; denn der Mensch wird ernährt durch den ernährenden Theil der menschlichen Seele, der Esel durch den ernährenden Theil seiner Seele und die Palme¹) durch den ernährenden Theil ihrer Seele; nur vermöge der Gemeinsamkeit des Namens gebraucht man von allen den Ausdruck „Ernährung", nicht aber in dem Sinne, dass die Bedeutung desselben (bei allen) wesentlich dieselbe wäre. Ebenso gebraucht man vom Menschen

---

θρεπτικὸν, αἰσθητικὸν, ὀρεκτικὸν, κινητικὸν κατὰ τόπον, διανοητικόν. M. hat statt der „bewegenden" Kraft das **Einbildungsvermögen**, was auch richtiger zu sein scheint, da dieses **wesentlich** von den übrigen Seelenvermögen verschieden, wogegen die Kraft der Seele, die Bewegungen nach einem Orte hin zu erzeugen, in denselben, namentlich in dem Begehrungs- und dem rationellen Vermögen schon mit inbegriffen ist. Siehe Scheyer, das psychol. System des Maimonides, S. 11.

Es sei hier noch bemerkt, dass wir dem Pocock'schen Texte folgten und אלגאדי (und so auch in allen weiterhin vorkommenden Derivaten dieses Stammes) schrieben, obwohl es richtiger אלנאדי heissen müsste, da dies das **Ursprüngliche** ist. Da jedoch gerade in diesem Worte (غذا) das ذ der vulgären Aussprache statt des ذ ganz gewöhnlich geworden, so dass in den Handschriften weit häufiger غذاء als غذاء vorkommt, wie Fleischer zu Ali's 100 Sprüchen S. 102 bemerkt, so behielten wir die erstere Form.

1) Bei der Präcision und Klarheit in der Darstellung, die man überall bei M. findet, ist es auffallend, ihn hier ohne allen Grund von dem „Pferde", womit er den Satz beginnt, zur „Palme" überspringen zu sehen; das talmudische (in solchen Fällen nach Bab. Kam. 27a allgemein angewandte) Wort: פתח בכד וסיים בחבית („er beginnt mit dem Krug und schliesst mit dem Fass") drängt sich uns dabei unwillkürlich auf. Es hat wahrscheinlich ein anderes Wort hier gestanden, doch welches? Ibn Tibbon hat נשר; er muss also עקאב gelesen haben, was weiter unten vorkommt. Trotzdem muss النخلة, welche La. ich jetzt auch in der Berliner Handschrift gefindet habe, beibehalten werden, um somehr als auch Prof. Fleischer damals dazu gerathen hatte. Er machte mich bei dieser Gelegenheit darauf aufmerksam, dass die **Dattelpalme** den Arabern stets als die Schwester der Menschen gegolten, so dass sie auch ihre einzelnen Theile mit denen des menschlichen Körpers parallelisirt haben. — Was Thiere und Pflanzen überhaupt betrifft, so haben sie drei Kräfte mit einander gemein, die ihre Seele ausmachen: القوّة الغاذية, die Kraft der Ernährung, القوّة النامية, die Kraft des Wachsens, und القوّة المولّدة, die Kraft, seines Gleichen zu zeugen (sich fortzupflanzen).

und Thiere nur vermöge der Gemeinsamkeit des Namens den Ausdruck empfindendes Wesen, nicht aber in dem Sinne, dass die Empfindung des Menschen die des Thieres, noch dass die Empfindung bei der einen Art wesentlich dieselbe wäre, wie die bei der andern Art, sondern es hat jede Art beseelter Wesen eine eigenthümliche, von der der andern verschiedene Seele und es gehen von einer Seele nothwendig diese, von der andern jene Thätigkeiten aus; da aber bisweilen die eine Thätigkeit der andern ähnlich ist, so meint man, dass beide wesentlich ein und dasselbe seien, was aber nicht der Fall ist. Es verhält sich damit, wie mit drei dunkeln Orten, von denen der eine durch die über ihm aufgegangene Sonne, der andere durch den aufgestiegenen Mond und der dritte durch eine darin angezündete Lampe erleuchtet wird; es findet sich so in jedem dieser Orte Licht, jedoch Grund und bewirkende Ursache des ersten ist die Sonne, des zweiten der Mond und des dritten das Feuer. In gleicher Weise ist die bewirkende Ursache der Empfindung des Menschen die menschliche Seele, der Empfindung des Esels die Seele des Esels, der Empfindung des Adlers die Seele des Adlers, und diese Empfindungen haben Nichts, worin sie übereinstimmen, als den ihnen gemeinsamen Namen. Fasse diesen Punkt wohl auf; er enthält einen vorzüglichen, tiefen Gedanken, in Bezug auf welchen viele Philosophirende[1]) irren, wodurch sie dann zu Ungereimtheiten und falschen Ansichten hingetrieben werden.

Ich kehre nun wieder zu unserm Gegenstande, den

---

1) In der Bezeichnung المتفلسفون liegt offenbar der Begriff der Geringsschätzung, etwa wie „Philosophanten".

Theilen der Seele, zurück und sage: zum ernährenden Theile gehören das Anziehungs-, das Zurückhaltungs-, das Verdauungsvermögen, das Vermögen der Abtreibung des Ueberflüssigen, das Vermögen der Vergrösserung, das Vermögen der Erzeugung des Gleichartigen, das Vermögen der Scheidung der Säfte, dazu bestimmt, das zur Ernährung Nothwendige von dem, was abgetrieben werden soll, abzusondern. Jedoch die ausführlichere Belehrung über diese sieben Vermögen, über das, wodurch, und über die Art, wie sie wirken, bei welchen Theilen (des Körpers) ihre Wirkungen offenbarer und deutlicher hervortreten, welche von ihnen beständig da sind und welche in einer bestimmten Zeit aufhören, — dies alles gehört nothwendig zur Heilkunde und ist an diesem Orte nicht nöthig. — Zum empfindenden Theile gehören die allgemein bekannten fünf Vermögen: das Gesichts-, Gehörs-, Geschmacks-, Geruchs- und Gefühlsvermögen, welches letzte sich an der ganzen Oberfläche des Körpers vorfindet und nicht, wie die vier (übrigen) Vermögen, ein besonderes Organ hat. — Der vorstellende Theil ist das Vermögen, welches die Bilder der mit den Sinnen wahrgenommenen Gegenstände festhält, nachdem dieselben aufgehört haben, die Sinne, welche sie aufgefasst, unmittelbar zu berühren, und sie dann mit einander verbindet und von einander trennt. Daher stellt dieses Vermögen aus den von ihm wahrgenommenen Dingen solche zusammen, welche es nie wahrgenommen hat, und solche, deren Wahrnehmung überhaupt unmöglich ist; wie wenn sich z. B. Jemand ein eisernes, in der Luft hinfahrendes Schiff vorstellt, oder einen Menschen mit dem Kopfe im Himmel und den Füssen auf der Erde, oder ein Thier mit tausend

Augen, und dergleichen Unmöglichkeiten mehr, welche das Vorstellungsvermögen zusammensetzt und denen es eine eingebildete Existenz verleiht. Hier nun sind die Mutakallim's in jenen schmählichen, gewaltigen Irrthum verfallen, auf den sie ihre Sophistereien betreffs ihrer Eintheilung der Dinge in nothwendige, mögliche und unmögliche gründeten, indem sie nämlich meinten und die Menschen irriger Weise glauben machten, dass Alles, was sich vorstellen lasse, möglich sei, ohne zu bedenken, dass dieses (Vorstellungs-) Vermögen auch solche Dinge zusammensetzt, deren Existenz, wie wir gesagt haben, unmöglich ist [1]). — Der begehrende Theil ist das Vermögen, wodurch der Mensch nach etwas Verlangen oder gegen etwas Widerwillen hat. Aus diesem Vermögen gehen folgende Thätigkeiten hervor: Erstreben und Fliehen, irgend etwas vorzugsweise thun und es vermeiden, Zürnen und Wohlwollen, Furcht und Kühnheit, Härte und Barmherzigkeit, Liebe und Hass und viele (andere) derartige Seelenaccidenzen. Werkzeuge dieses Vermögens sind alle Theile des Körpers; so dient die Kraft der Hand zum Greifen, die Kraft des Fusses zum Gehen, die des Auges zum Sehen, die des Herzens zur Aeusserung von Kühnheit oder Furcht, und in gleicher Weise sind auch die übrigen inneren und äusseren Körpertheile sammt ihren Kräften Werkzeuge dieses Begehrungsvermögens.

Der rationelle Theil ist das dem Menschen zukom-

---

[1]) Die Einbildungskraft ist, weil unabhängig von der Vernunfterkenntniss, schrankenlos und darum auch unzuverlässig in der Bestimmung dessen, was nothwendig, möglich und unmöglich ist. Dies zu bestimmen ist einzig Sache des Vernunfturtheils (الحُكْم العَقْلِيّ). Vergl. m. El-Senusi's Begriffsentwickelung des muh. Glaubensbek. S. 1. — Siehe Excurs I.

mende Vermögen, durch welches er begreift, nachdenkt, Kenntnisse erwirbt und zwischen ungeziemenden und geziemenden Handlungen unterscheidet. Von diesen Thätigkeiten sind die einen practische, die andern speculative; die practischen wiederum sind theils künstlerische, theils überlegende. Die speculative Thätigkeit ist diejenige, durch welche der Mensch die der Veränderung nicht unterworfenen Dinge so, wie sie wirklich sind, erkennt, und diese werden schlechthin Wissenschaften genannt[1]). Die künstlerische Thätigkeit ist das Vermögen, durch welches Künste erlernt werden, wie Architectur, Agricultur, Medicin und Navigation. Die überlegende Thätigkeit ist diejenige, vermöge welcher der Mensch in Betreff dessen, was er thun will, wenn er an die Ausführung geht, nachdenkt, ob es möglich sei oder nicht, und wenn es möglich ist, wie er es thun müsse. So viel musste hier von dem die Seele Betreffenden gesagt werden.

---

1) Die Wissenschaft in absolutem Sinne hat die in ihrem Wesen sich immer gleichbleibenden, auf dieselbe Weise sich verhaltenden Dinge zum Gegenstande; so sagt auch Aristoteles: ἐπιστήμη τί ἐστιν, ἐντεῦθεν φανερόν, εἰ δεῖ ἀκριβολογεῖσθαι καὶ μὴ ἀκολουθεῖν ταῖς ὁμοιότησι· πάντες γὰρ ὑπολαμβάνομεν, ὃ ἐπιστάμεθα μὴ ἐνδέχεσθαι ἄλλως ἔχειν. Eth. Nicom. VI, 3, § 2.

Die practische Thätigkeit des rationellen Vermögens äussert sich theils im Aneignen von Künsten — „Künste" im weiteren Sinne gebraucht (cf. Millot Higajon C. 14, ed. Heilbut Bl. 43b) — theils in dem auf vernunftgemässes, sittliches Handeln gerichteten Nachdenken. — עמלי ist das aristotelische πρακτικόν als Gegensatz des θεωρητικόν; מהני entspricht dem ποιητικόν, wie es Arist. zum Unterschiede von πρακτικόν gebraucht. Dieser unterscheidet nämlich genau zwischen ποιεῖν und πράττειν; das Erstere ist: machen, schaffen (facere, efficere), besonders in künstlerischer Beziehung, wobei immer ein bestimmter, besonderer Zweck im Auge gehalten wird; das Letztere dagegen ist: handeln (agere) mit dem allgemeinen Zweck des Guten. Dies geht aus vielen Stellen der Nicomachischen Ethik hervor. So heisst es z. B. das. VI, 2, §. 5: ἕνεκα γάρ του ποιεῖ πᾶς ὁ ποιῶν, καὶ οὐ τέλος ἁπλῶς, ἀλλὰ πρός τι καὶ τινὸς τὸ ποιητόν, ἀλλ' οὐ τὸ πρακτόν· ἡ γὰρ εὐπραξία τέλος. אלמעמל (אלעמל) ist demnach als die Thätigkeit der practischen Vernunft zu fassen, die das sittliche Handeln zum Gegenstande hat.

Wisse aber, dass diese einheitliche Seele, von deren Kräften oder Theilen wir hier eine Beschreibung vorausgeschickt, gleichsam die Materie und die Vernunft deren Form ist. Wenn ihr nun also die Form nicht zu Theil wird, ist die Existenz der in ihr vorhandenen Anlage, diese Form anzunehmen, so gut als vergeblich und eine zwecklose Existenz [1]), wie Salomo (Spr. 19, 2) sagt: „(auch) die Seele ist ohne Vernunft nichts Gutes", d. h. die Existenz einer Seele, welche keine Form erlangt hat, sondern eine Seele ohne Intelligenz verbleibt, ist nicht gut. — Doch die Belehrung über die Form, die Materie und die Grade der Vernunft, wie viele dieser und wie sie beschaffen sind und wie sie erlangt werden, gehört nicht hierher und ist auch zu unserm Vorhaben, von den Sitten zu reden, nicht nöthig, gehört vielmehr in die Schrift über die Prophetie, von der wir (anderswo)

---

1) Form (צוּרָה) und Materie (מָאדָה) wird hier, wie überhaupt in Maimuni's Schriften, im aristotelischen Sinne gebraucht. Bei Ar. ist die Form (εἶδος) das bildende Princip, die bildende, belebende Kraft, durch welche das blos der Möglichkeit nach etwas Seiende zur Wirklichkeit sich entfaltet. Das zu Grunde Liegende, was eben blos ein potentielles, nicht aber ein actuelles Sein hat, heisst Materie (ὕλη). So ist die Seele „die Form des Leibes, der blos der Möglichkeit nach Leben hat" (εἶδος σώματος φυσικοῦ δυνάμει ζωὴν ἔχοντος). Die in der Form sich entfaltende Wirklichkeit heisst: ἐντελέχεια. „Darum ist die Seele die erste Wirklichkeit des der Möglichkeit nach Leben habenden Leibes" (διὸ ψυχή ἐστιν ἐντελέχεια ἡ πρώτη σώματος φυσικοῦ ζωὴν ἔχοντος δυνάμει). De anima II, 1, §. 4 u. 6). — Die Seele aber, als rationelle betrachtet, bedarf wiederum der Form, um zur Wirklichkeit zu gelangen; dies ist nun der νοῦς, in welchem, als denkendem Verstande, das geistige Leben der Seele erst actu entfaltet; so lange aber die Denkthätigkeit in der Seele nicht begonnen, ist sie nicht wirklich. So heisst es de anima III, 4, §. 15: ὁ ἄρα καλούμενος τῆς ψυχῆς νοῦς (λέγω δὲ νοῦν, ᾧ διανοεῖται καὶ ὑπολαμβάνει ἡ ψυχή) οὐδέν ἐστιν ἐνεργείᾳ τῶν ὄντων, πρὶν νοεῖν.

Dies ist nun ganz der Gedanke, den M. an unserer Stelle ausdrücken will und den er in die angeführten Bibelworte hineinträgt. In Uebereinstimmung hiermit sagt er auch Jesode ha-Tora IV, 8: נפש כל בשר היא צורתו שנתן לו האל והדעה היתרה המצויה בנפשו של אדם היא צורת האדם השלם בדעתו. Cf. „Führer" III, C. 8.

gesprochen haben. Hier schliesse ich dieses Capitel und gehe zu einem andern über.

ZWEITES CAPITEL.

VON DEN GESETZWIDRIGEN THÄTIGKEITEN [1]) DER SEELENKRÄFTE UND VON DER BESTIMMUNG DES THEILES, BEI WELCHEM TUGENDEN UND UNTUGENDEN ZUNÄCHST STATTFINDEN.

Wisse, dass gesetzwidrige und gesetzmässige Thätigkeiten nur zwei Theilen der Seele angehören, näml. bloss dem empfindenden und dem begehrenden Theile: aus diesen beiden Theilen gehen sämmtliche Gebotsübertretungen und Erfüllungen hervor. Was den ernährenden und vorstellenden Theil betrifft, so findet bei ihnen weder gesetzmässige noch gesetzwidrige Thätigkeit statt, da Beschluss und freier Wille mit beiden durchaus nichts zu schaffen haben und der Mensch kraft seines Beschlusses weder ihre Thätigkeit aufzuheben noch sie auf irgend eine Thätigkeit zu beschränken vermag [2]). Du siehst ja, dass diese beiden Theile, näml. der ernährende und vorstellende, (auch) während des Schlafes thätig sind, was bei den übrigen Seelenkräften

---

1) Die Lesart מַעֲצֵי hat auch die Berliner Handschrift und ich glaube jetzt, sie beibehalten zu müssen, obwohl ich sie erst vor Kurzem — einem innern Bedürfnisse folgend — öffentlich (Allg. Zeit. des Judenth. 1902, S. 576) als unrichtig erklärte und das vorgeschlagene מַעֲאנִי (als dem עִנְיָנֵי Ibn Tibbon's entsprechend) vorziehen wollte; diese La. scheint mir aber nach nochmaliger Prüfung nicht zu dem Inhalte der Capitels zu passen, weil ja darin nicht von der Beschaffenheit oder den Arten der Seelenkräfte überhaupt, sondern nur davon die Rede ist, bei welchen Gesetzwidrigkeiten vorkommen können.

2) Die Lesart וּקְצֻרְהֻמָא עֲלֵי פֵעַל מָא, welcher ich mich schon bei der ersten Ausgabe (nach dem von Freytag s. v. قصر angeführten Satze: قصرت نفسي على هذا الأمر) zuneigte, scheint mir jetzt die richtige zu sein und so hat auch der Berliner Codex. — Ibn Tibbon hat: אוֹ לְמַעֲטָם מִפְּעוּלָה אַחַת, was jedenfalls keine gute Uebersetzung ist, aber doch unserer Lesung ziemlich entspricht.

nicht der Fall ist. — Was den rationellen Theil anbelangt, so waltet darüber Ungewissheit ob; ich behaupte aber, dass auch bei diesem Vermögen gesetzmässige und gesetzwidrige Thätigkeit stattfindet, insofern dasselbe an einer falschen oder einer wahren Meinung festhält, dass jedoch eine Handlung, der man den Namen einer Gebotserfüllung oder Gebotsübertretung beilegen könnte, bei ihm nicht stattfindet. Und darum sagte ich in dem Vorhergehenden, dass nur bei jenen beiden Theilen Gebotsübertretungen und Erfüllungen stattfinden. — Was nun die Tugenden betrifft, so sind sie zweierlei Art: moralische und intellectuelle [1]), und ihnen entgegen stehen die (entsprechenden) beiden Arten von Untugenden (Fehlern). Die intellectuellen Tugenden gehören dem rationellen Theile an; zu ihnen gehört die Weisheit, d. i. die Kenntniss der entfernten und nahen Ursachen [2]) nach

---

1) Dies ist die aristotelische Eintheilung der Tugenden. Eth. Nicom. II, C. 1 heisst es gleich zu Anfang: Διττῆς δὲ τῆς ἀρετῆς οὔσης, τῆς μὲν διανοητικῆς, τῆς δὲ ἠθικῆς.

2) سبب ist ein Synonymum von علّة, unterscheidet sich jedoch dadurch von demselben, dass es immer objectiv bewirkende Ursache, während dieses bald objective Ursache, bald subjectiver Grund oder Zweck ist. Nach der von Munk (*le guide des égarés I*, 313) angeführten Stelle aus Ibn-Roschd's Metaphysik, nämlich: הסבה והעלה שני שמות נרדפים והנה יאמרו על הסבות הארבעה אשר הם הפועל והחומר והצורה והתכלית, müsste zwar angenommen werden, dass beide Wörter sich vollkommen decken — und auch der tiefgelehrte Munk nimmt dies an — doch will mir dies, nach dem Wenigen, was ich darüber weiss, nicht recht einleuchten. Die vier Ursachen, von denen Ibn-Roschd spricht, werden auch niemals, soweit mir bekannt ist, الأسباب الأربعة, sondern stets العلل الأربع genannt und ebenso heissen die einzelnen immer: العلّة الفاعليّة (bewirkende Ursache), العلّة القابليّة oder العلّة الماديّة (materielle Ursache), العلّة الصوريّة (formelle Ursache) und العلّة الكماليّة oder العلّة الغائيّة (finale und Zweck-Ursache). Vgl. hierüber Schmölders *Docum. philos. Arab. p.* 26.

vorhergegangener Kenntniss der Existenz des Dinges, um dessen Ursachen es sich handelt; dann die **Vernunft**, und zwar erstens die **theoretische Vernunft**, die uns von der Natur zu Theil wird, nämlich die ersten Begriffe (Grundideen), zweitens die **erworbene Vernunft**, wovon zu handeln jedoch hier nicht der Ort ist [1]), drittens der **Scharfsinn** und die Verstandes-

---

1) אלמעקולאת אלאול אלמעקולאת אלאול sind die Grundbegriffe oder die Axiome, die keiner weitern Begründung bedürfen.

Die „erworbene Vernunft" (العقل المستفاد) ist die durch Erkenntniss substantiell gewordene Intelligenz; sie bezeichnet, wie Alfarâbî (über welchen Philosophen besonders Steinschneiders vorzügliches Werk zu vergleichen ist) sagt, „nichts Anderes, als das, was die thätige Vernunft (العقل بالفعل) oder العقل الفاعل hervorgebracht hat, was aus ihrer Thätigkeit hervorgegangen ist und nun in der vernünftigen Seele ruht und bewahrt wird." Das Kitâb et-ta'rîfât p. 158 definirt sie als eine solche, „welcher die durch Speculation gewonnenen Erkenntnisse so gegenwärtig sind, dass sie ihr nicht entschwinden können" (ان يحضر عنده النظريّات التي ادركها بحيث لا تغيب عنه). Vgl. Krehl Erfreuung der Geister, S. 79. Munk (a. a. O. S. 307) äussert sich ziemlich in demselben Sinne, doch ausführlicher und gründlicher folgendermassen: *(l'intellect acquis) ce n'est autre chose que l'intellect en acte devenu en quelque sorte la propriété de l'homme, lorsque les formes intelligibles sont toujours présentes dans son intelligence, et qu'il peut s'identifier avec elles à tout instant sans faire de nouveaux efforts. Arrivée à ce degré, l'intelligence humaine a toujours pour objet les pures formes intelligibles; elle a pour objet la connaissance des intelligences séparées et de Dieu. Dans cet état, elle devient en quelque sorte une substance entièrement séparée du corps.*" Dies Letztere finden wir bei Maim. im „Führer" (Th. I, C. 72 gegen Ende, Munk'sche Ausgabe p. 104a) in folgenden Worten ausgesprochen: ואעלם אנה כאן ינבני אן נשבה נסבה אללה תעאלי ללעאלם נסבה אלעקל אלמסתפאד ללאנסאן אלדי לים הו קוה פי גסם והו מפארק ללגסם מפארקה חקיקיה ופאיץ עליה. (Siehe bei Munk den franz. Theil S. 373). Diese „erworbene Vernunft" (νοῦς ἐπίκτητος), welche Bezeichnung bekanntlich von Alexander aus Aphrodisias herrührt, hebr.: שכל הנקנה oder auch gleichsam als Emanation aus der „thätigen Vernunft" (שכל הנאצל genannt) bildet das eigentliche **Ich** des Menschen, macht sein wahres Wesen aus und ihr kommt daher auch die **Unsterblichkeit** zu. (Vgl. m. „Mûsâ b. Maimûns eschatologische Gedanken" S. 13). — Siehe die gründl. Untersuchungen über den שכל הנקנה in Scheyer's „psychol. Syst. d. Maimonides". Ueber die „**hylische Vernunft**" (العقل الهيولاني), den νοῦς παθητικός des Aristoteles (darum auch العقل المنفعل genannt), ferner über die bereits erwähnte **active** Vernunft und den von einigen arabischen Philosophen zwischen dieser und der „erworbenen" angenommenen tüchtigkeit, d. i. das Vermögen über ein Ding schnell, ohne Verzug oder in sehr kurzer Zeit richtig zu urtheilen. — Die Fehler dieses (des rationellen) Vermögens sind das Umgekehrte oder das Gegentheil dieser (Tugenden).

Die moralischen Tugenden gehören dem begehrenden Theile allein an; der empfindende Theil ist in dieser Beziehung nur ein Diener des begehrenden. Der Tugenden dieses Theils giebt es sehr viele, als: Enthaltsamkeit, Freigebigkeit, Redlichkeit, Sanftmuth, Demuth, Genügsamkeit, Tapferkeit und andere [1]). Die Fehler dieses Theiles bestehen in dem Zuwenig oder dem Zuviel dieser Tugenden.

Bei dem ernährenden und dem vorstellenden Theile spricht man nicht von Tugend und Untugend, sondern man sagt, das und das gehe oder gehe nicht in rechter Weise von Statten, so wie man sagt, die Verdauung von Dem und Dem sei kräftig, oder sie sei gelähmt, oder die Thätigkeit seines Vorstellungsvermögens sei gestört, oder sie gehe in rechter Weise von Statten [2]). In allem diesem ist weder Tugend noch Untugend. — Dies ist es, was wir in diesem Capitel zusammenfassen wollten.

العَقْل بالملَكة („*l'intellect en capacité*", wie Munk übersetzt) s. Munk a. a. O. S. 306 ff.; Kitâb et-ta'rîfât s. vv.; Haarbrücker Schahrastani II, 317 und Scheyer a. a. O. an verschiedenen Stellen.

1) Ibn Tibbon hat zu „Genügsamkeit" noch den Zusatz: והוא שקראו חכמים עשירות באומרם איזהו עשיר השמח בחלקו.

2) Der Pocock'sche Text ist an dieser Stelle ganz incorrect; so giebt er auch in der Uebersetzung das הן נארי עלי אסתקאמה, indem הן auf den Menschen bezogen wird, ungenau durch „*ipsum εὐφαντασίατον*" wieder.

DRITTES CAPITEL.

VON DEN KRANKHEITEN DER SEELE.

Die Alten sagten: es findet bei der Seele, wie bei dem Körper Gesundheit und Krankheit statt. Die Gesundheit der Seele besteht darin, dass ihre und ihrer Theile Beschaffenheit von der Art ist, dass sie stets Gutes, Schönes und Geziemendes, die Krankheit dagegen darin, dass sie und ihre Theile so beschaffen sind, dass sie stets Böses, Schlechtes und Unziemliches thut. Ueber des Körpers Gesundheit und Krankheit stellt die Heilkunde Untersuchungen an. Aber gleichwie Denen, die an körperlichen Krankheiten leiden, ihre gestörte Sinnesthätigkeit das Süsse bitter und das Bittere süss erscheinen lässt [1]), so dass sie sich das Zuträgliche als unzuträglich vorstellen und starkes Gelüst nach und grossen Genuss an solchen Dingen haben, die für die Gesunden in keiner Weise eine Quelle des Genusses, vielmehr zumeist eine Quelle des Schmerzes sind, wie z. B. das Essen von Walkererde, Kohle, Staub, sehr scharfen und sehr sauern Dingen und dergleichen Speisen mehr, nach denen die Gesunden nie verlangen, gegen die sie vielmehr Widerwillen haben: also auch erscheint den Seelenkranken [2]), d. i. den Bösen und Lasterhaften,

---

1) Ueber diesen Gegenstand handelt Maim. auch Hilchot Deot, C. 2.

2) Wörtlich: die an den Seelen Kranken, da الانفس grammatisch als Accusativ der nähern Bestimmung (لتَمييز) genommen werden muss.

Dass solche Accusative auch im Hebräischen vorkommen, ist bekannt, z. B. חלה את רגליו (1 Kon. 15. 23); נברו חיל (Job 21, 7) u. a. m. Ahnlich ist auch der „griechische Accusativ", der von lateinischen Dichtern bisweilen nachgeahmt wird, so das oft citirte: os humerosque deo similis (Virg. Aen. I 589).

das Böse als gut und das Gute als böse; ferner verlangt der Böse stets nach den Extremen, welche in Wirklichkeit etwas Böses sind, ihm aber wegen der Krankheit seiner Seele etwas Gutes zu sein dünken. Wie nun die (körperlich) Kranken, wenn sie ihrer Krankheit sich bewusst werden, der Arzneiwissenschaft aber selbst unkundig sind, Aerzte um Rath fragen und diese sie dann mit dem bekannt machen, was sie nothwendig zu beobachten haben, das aber, was sie sich selbst als genussreich vorstellen, ihnen untersagen und sie dazu nöthigen, unangenehme und bittere Dinge einzunehmen, damit ihr Körper wieder gesund werde und sie wieder die Fähigkeit erlangen, das Angenehme angenehm und das Unangenehme unangenehm zu finden: also müssen auch die Seelenkranken die Gelehrten — denn dies sind die Seelenärzte — um Rath fragen, auf dass diese sie von dem Bösen, das ihnen als etwas Gutes erscheint, zurückhalten und durch die — im nächsten Capitel darzustellende — Kunst der Heilung der Sitten wieder gesund machen. — Was aber die Seelenkranken anbelangt, die kein Gefühl von ihrer Krankheit haben und sie für Gesundheit halten, oder auch dieselbe zwar fühlen, jedoch kein Heilmittel dagegen anwenden, so kommt ihr Zustand auf denjenigen hinaus, in den ein (körperlich) Kranker geräth, wenn er dem, was ihm angenehm ist, nachgeht und kein Heilmittel gebraucht, darum auch unzweifelhaft umkommt. — In Betreff Derjenigen, die ihre Krankheit fühlen, aber dennoch ihren Genüssen nachgehen, sagt die Wahrheit verkündende Schrift, deren eigene Worte anführend: „in dem Uebermuthe (den bösen Gedanken und Begierden) meines Herzens will ich fortwandeln" u. s. w. (Deut.

29, 18), das heisst: indem er seinen Durst zu stillen strebt, vermehrt er denselben in sich ¹). — Diejenigen, die ihre Krankheit gar nicht fühlen, schildert Salomo oft. Er sagt: „des Thoren Weg dünkt ihm gerade: wer aber auf Rath hört, der ist weise" (Spr. 12, 15), d. i. wer den Rath des Unterrichteten annimmt, der ihn lehrt den Weg, welcher in Wahrheit recht ist, nicht aber den er selbst für recht hält. So sagt er auch: „mancher Weg ist gerade in den Augen des Mannes, aber am Ende sind es Wege des Todes." (Das. 14, 12). Von jenen Seelenkranken, insofern sie nicht wissen, was ihnen schädlich, noch was ihnen nützlich ist, sagt er: „der Weg der Sünder ist wie Dunkel; sie wissen nicht, woran sie straucheln." (Das. 4, 19). Was die Kunst der Heilung der Seele anbetrifft, so ist sie so beschaffen, wie ich in dem folgenden vierten Capitel angeben werde.

VIERTES CAPITEL.

VON DER HEILUNG DER SEELENKRANKHEITEN.

Die guten Handlungen sind diejenigen, welche gleichmässig temperirt sind, die Mitte haltend

---

1) So deutet er die Worte: למען ספות הרוה את הצמאה, wonach die Uebersetzung lauten muss: „so dass die Sättigung den Durst verstärke." Dass למען hier nicht als „damit" (בעבור שאספה) zu nehmen sei, darauf hat auch Mendelssohn in seinem Bibel-Commentare aufmerksam gemacht; doch unterscheidet sich seine Deutung der Stelle gänzlich von der Maim's. Er sagt nämlich: שעור הכתוב אם ילך אחרי שרירות הלב ומראית העין ולא יתן מחסום להאות הדברים שיש בהם צורך ותועלת, סופו שיוסיף עליהם האות הדברים שאין צורך ותועלת בהם כי אם זדון היצר וגאון השובע und übersetzt demgemäss: „und die Völlerei auf den Durst häufe (die natürlichen Begierden mit übermüthigen vermehre)." — Vgl. über diese Stelle m. Aufsatz: „zur Spruchkunde" (ZDMG. 55) S. 395 unter N. 6 und die dort angeführten Worte aus Lazarus' Ethik des Judenthums.

zwischen zwei Extremen, welche beide verwerflich sind und von denen das **eine** ein Zuviel, das **andere** ein Zuwenig ist. Die **Tugenden** aber sind solche Seelendispositionen und habituelle Zustände, welche zwischen zwei schlechten Dispositionen die Mitte halten, deren eine durch ein Zuviel und deren andere durch ein Zuwenig fehlt [1]). Aus jenen Dispositionen gehen nothwendig die ersterwähnten Handlungen hervor. Ein Beispiel hiervon ist die **Enthaltsamkeit**, denn sie ist eine Handlungsweise, welche die Mitte hält zwischen der **Genussucht** und der **Fühllosigkeit für das Vergnügen**; es gehört also die Enthaltsamkeit zu den guten Handlungsweisen; die Seelendisposition aber, aus welcher nothwendig die Enthaltsamkeit hervorgeht, ist eine moralische Tugend [2]). Die Genussucht ist nun das erste, und die gänzliche Fühllosigkeit für das Vergnügen das **entgegengesetzte** Extrem; beide sind durchaus schlecht. Was die beiden Seelendispositionen betrifft, aus deren einer die Genussucht, d. i. die durch das Zuviel fehlende Disposition, und aus deren zweiter die Fühllosigkeit d. i. die durch Zuwenig fehlende Disposition, nothwendig hervorgeht, so gehören sie beide in gleicher Weise zu den moralischen Fehlern. Ebenso hält die **Freigebigkeit** die Mitte zwischen der Kargheit und der Verschwendung [3]), die **Tapferkeit** die

---

1) Aristot. entwickelt dies ausführlicher Ethic. Nicom. II, C. 6 ff. So sagt er das. §. 14 u. 15: καὶ διὰ ταῦτ' οὖν, τῆς μὲν κακίας, ἡ ὑπερβολὴ καὶ ἡ ἔλλειψις· τῆς δὲ ἀρετῆς, ἡ μεσότης...... μεσότης δὲ δύο κακιῶν, τῆς μὲν καθ' ὑπερβολὴν, τῆς δὲ κατ' ἔλλειψιν.

2) Bei Pocock ist der Sinn dieser Stelle unrichtig durch folgende Worte wiedergegeben: *Estque temperantia ex actionibus et dispositionibus animae, a quibus necessario profluit temperantia, quae est virtus moralis.*

3) Ueber die einzelnen hier genannten Tugenden vergl. Aristot. Ethic. Nicom. II, C. 7 seqq. (Magn. Moral. I, C. 21 seqq.). Von den an und für sich

Mitte zwischen der Verwegenheit und der Feigheit [1]), die Scherzhaftigkeit — zwischen der Possenreisserei und der Tölpelhaftigkeit, die Demuth — zwischen dem Hochmuth und der Selbsterniedrigung, die Generosität — zwischen dem übermässigen Aufwande und der Knickerei, die Genügsamkeit — zwischen der Begehrlichkeit und der Trägheit, die Sanftmuth — zwischen dem Jähzorn und der Unempfindlichkeit, die Schamhaftigkeit — zwischen der Frechheit und der übermässigen Schüchternheit, und ebenso die übrigen Dispositionen; doch brauchst du nicht nothwendig die ihnen beigelegten Namen zu wissen, wenn nur die Begriffe klar vor deinem Verstande stehen. Die Menschen irren sich aber oft über dergleichen Handlungen, indem sie das eine oder das andere der beiden Extreme für etwas Gutes halten und für eine der Tugenden der Seele ansehen. Bisweilen halten sie das erste Extrem

---

schlechten Affecten und Handlungen sagt er Eth. Nic. II, 6, 18 u. 19 kann man nicht von der rechten Mitte sprechen, so auch nicht von der Mässigkeit und Tapferkeit, weil sie an und für sich gut sind (das. §. 20). — Schön äussert er sich (das. IV, 2) über die Generosität, als deren wahren Beweggrund er das Sittlich-Schöne ansieht, während er das übermässige Prunken, um den Reichthum zu zeigen, bei alltäglichen, s. g. „festlichen" Gelegenheiten als etwas Bauernmässiges ($βαναυσία$) und Geschmacklosigkeit ($ἀπειροκαλία$) streng tadelt.

1) Ibn Tibbon hat hier: והסלסול ממוצע בין ההתנשאות ובין הנבלה, ופירוש הסלסול הוא מי שמתכבד כראוי ואינו מתנבל בדבר, וההתנשאות הוא שיתכבד האדם יותר מן הראוי לו, והנבלה ידוע והוא שיעשה אדם מעשים בלתי הגונים שיש בהם פתיחות הרבה וחרפה.

Seine Uebersetzung weicht an dieser Stelle überhaupt weit von dem Urtexte ab; so giebt er וטוב לב ממוצע בין ואלכרם מתוסט בין אלבד֗ך ואלנד֗אלה durch וטוב לב ממוצע בין הנבלה ויתרון טוב הלבב wieder; die hinzugefügte Erklärung, die er mit den Worten einleitet: ומפני שאין למדות האלה שם ידוע בלשוננו צריך לפרש beweist, dass er die arabischen Worte עניניהם ומה שרוצים בו הפילוסופים nicht verstanden. So missverstand er auch die Schlussworte dieses Satzes (וכד֗לך

וכן שאר המדות יצטרבו etc.) gänzlich, indem er übersetzt: סאירהא ולא תחתאג֗
על כל פנים לשמות מונחים להם מהסכמה שיהיו הענינים מובנים.

für gut, wie sie z. B. die Verwegenheit für eine Tugend ansehen, einen Verwegenen tapfer nennen und, wenn sie sehen, wie Jemand im höchsten Grade verwegen ist, wie er sich selbst in Gefahren stürzt und absichtlich dem Verderben entgegenrennt, vielleicht aber durch Zufall entkommt, ihn deshalb loben und sagen: das ist ein tapferer Mann! Bisweilen aber glauben sie, das entgegengesetzte Extrem sei etwas Gutes, und nennen darum den Unempfindlichen sanftmüthig, den Trägen genügsam, den wegen der Stumpfheit seines Naturells für jedes Vergnügen Fühllosen enthaltsam. Durch dieselbe irrige Auffassung halten sie die Verschwendung und den übertriebenen Aufwand für lobenswerthe Handlungen. Dies alles aber ist Irrthum: in Wahrheit lobenswerth ist nur die rechte Mitte; darauf muss auch der Mensch sein Streben richten und alle seine Handlungen immer so genau abwägen, dass sie diese Mitte halten.

Wisse aber, dass diese moralischen Tugenden und Fehler sich nur durch sehr häufige und lange Zeit anhaltende Wiederholung der aus der entsprechenden moralischen Disposition hervorgehenden Handlungen und durch Gewöhnung an sie in der Seele ausbilden und befestigen.

Wenn nun solche Handlungen gut sind, so ist das, was sich dadurch in uns ausbildet, die entsprechende Tugend; sind sie aber schlecht, so ist das, was sich dadurch in uns ausbildet, der entsprechende Fehler. Da aber der Mensch seiner Natur nach ursprünglich weder Tugenden noch Fehler hat — wie wir im achten Capitel darthun werden — und er ohne Zweifel von Kindheit an durch die Lebensweise seiner Angehörigen und seiner Heimath an gewisse Handlungen sich gewöhnt, diese Handlungen aber bald die rechte Mitte halten, bald das rechte Maass überschreiten oder auch hinter demselben zurückbleiben, wie wir gezeigt haben, hierin aber eine Krankheit seiner Seele gegeben ist: so wird bei der Heilung derselben nothwendig ganz in derselben Weise zu verfahren sein, wie bei der Heilung des Körpers. Wie wir bei dem Körper, wenn er aus seiner regelmässigen Verfassung herauskommt, untersuchen, nach welcher Seite hin er sich geneigt und das rechte Maass überschritten hat, und wie wir ihm dann mit dem Entgegengesetzten begegnen, damit er wieder in die regelmässige Verfassung komme, dann aber, wenn dies geschehen, von dem Entgegenwirkenden abstehen und dasjenige bei ihm anwenden, wodurch er in der regelmässigen Verfassung erhalten wird: ganz so müssen wir auch hinsichtlich des Sittlichen zu Wege gehen. Sehen wir z. B. einen Menschen, in dessen Seele sich eine Disposition ausgebildet hat, vermöge deren er sich Alles abdarbt, — dies aber ist, wie wir in diesem Abschnitte gezeigt haben, einer von den Fehlern der Seele und die Handlung, die er begeht, gehört zu den Handlungen schlechter Menschen —, und wir wollen diesen Kranken heilen, so werden wir ihm nicht Freigebigkeit vorschreiben; denn dies wäre so, wie wenn Jemand Einen, der an zu grosser Hitze leidet, durch Anwendung desjenigen, was zwischen Hitze und Kälte die Mitte hält, heilen wollte, was ihn keineswegs von seiner Krankheit befreien würde. Vielmehr ist es nothwendig, ihn (den erwähnten Seelenkranken), dahin zu bringen, dass er einmal über das andere Verschwendung übt und die Ausübung der Verschwendung sich so oft bei ihm wiederholt, bis aus seiner Seele die Disposition schwindet, welche die übertriebene Kargheit verursacht, und sich beinahe die Disposition zur Verschwendung in ihm ausbildet oder er (wenigstens) sich ihr nähert. Dann werden wir ihm das verschwenderische Treiben untersagen und ihm vorschreiben, beständig Werke der Freigebigkeit zu üben und daran festzuhalten, ohne das rechte Maass zu überschreiten oder hinter demselben zurückzubleiben. In gleicher Weise lassen wir ihn, wenn wir sehen, dass er verschwenderisch ist, Handlungen der Kargheit üben und mehrmals wiederholen; jedoch lassen wir die Ausübung der Kargheit sich bei ihm nicht so viele Male wiederholen, wie wir ihn die Ausübung der Verschwendung wiederholen liessen. Die Beachtung dieses feinen Unterschiedes [1]) ist das Grundgesetz und Geheimniss des richtigen Heilverfahrens. Es ist nämlich dem Menschen leichter und schneller erreichbar, von der Verschwendung zur Freigebigkeit, als von der Kargheit zur Freigebigkeit zurückzukommen. So kann auch der für jeden Genuss Fühllose leichter und schneller zur Enthaltsamkeit zurückkommen als der Genusssüchtige, und deshalb werden wir den Letztern häufiger die Uebung der Enthaltsamkeit vom Genusse, als Jenen die Befriedigung der Genussucht wiederholen lassen. Ebenso werden wir den Furchtsamen mehr zur Verwegenheit als den Vewegenen zur Furchtsamkeit anhalten, den Knicker mehr zu übermässigem Aufwand als den, solchen Aufwand Liebenden zur Knickerei anleiten. Dies ist das Grundgesetz der Sittenheilkunde, welches du also wohl beachten mögest.

---

1) نُكْتَة ist eigentlich: Punkt, bedeutet dann aber auch, ähnlich dem franz. *„pointe"*, eine feine Bemerkung, eine Subtilität.

Aus Rücksicht hierauf pflegten die Tugendhaften ihre Seelendisposition nicht gerade durchaus in der rechten Mitte zu erhalten, sondern vorsichtiger Weise einigermaassen zu dem Zuviel oder Zuwenig hinzulenken, ich meine z. B. von der Enthaltsamkeit ein wenig zur Fühllosigkeit gegen jedes Vergnügen, von der Tapferkeit ein wenig zur Verwegenheit, von der Generosität ein wenig zu übermässigem Aufwand, von der Demuth ein wenig zur Selbsterniedrigung, und ebenso hinsichtlich der übrigen (Seelendispositionen). Dies erinnert an den stehenden Ausdruck der Weisen: „innerhalb der Grenzlinie des Rechts"[1]).

Was aber die Tugendhaften und auch einige Weise bisweilen thaten, dass sie sich nämlich zu dem einen Extrem hinwandten, indem sie z. B. fasteten, in der Nacht (zu frommen Uebungen) aufstanden, weder Fleisch assen noch Wein tranken, die Frauen von sich fern hielten, wollene und härene Gewänder trugen, auf Bergen wohnten und sich in Wüsten zurückzogen: so geschah dies nur aus medicinischen Gründen, wie wir dies schon früher gesagt haben, und auch wegen der Sittenlosigkeit der Bewohner grösserer Städte, wenn sie sahen, dass sie durch die gesellige Berührung mit ihnen und durch den beständigen Anblick ihrer Handlungen verderbt werden könnten und durch den Umgang mit ihnen selbst an ihrer Sittlichkeit Schaden zu

---

1) Der Ausdruck לפנים משורת הדין lässt sich *wörtlich* nicht genauer übersetzen; der *Sinn* aber ist: sich in gewissen Fällen (selbstverständlich in guter Absicht und zu einem guten Zweck, also wie in *diesem* Falle) nicht streng an eine Gesetzesnorm oder an ein Princip halten, sondern etwas davon abweichen, z. B. aus Milde, Nachgiebigkeit oder Rücksichtnahme von der Durchfürung einer Rechtsforderung ablassen. Vgl. Targum zu Exod. 18, 20: ודיעבדון מלגיו לשורתא, was Mechilla z. St. durch יעשון זו לפנים משורת הדין wiedergiebt. S. Levy chald. Wb. s. v. גו.

leiden befürchten mussten. Demnach trennten sie sich von ihnen [1]) und suchten Wüsten und solche Orte auf, wo kein böser Mensch zu finden war, wie der Prophet sagt: „Wer mich doch in die Wüste brächte, in die Nachtherberge der Wanderer" [2]). Da nun aber Thoren jene Tugendhaften also handeln sahen, ohne mit deren Absicht bekannt zu sein, so hielten sie diese Handlungen für etwas (an und für sich) Gutes, nahmen sie sich zum Vorbild in der Meinung, sie würden Jenen dadurch gleich werden, peinigten ihren Körper auf jegliche Weise und meinten, sie hätten etwas Tugendhaftes gethan und Gutes geübt und man komme dadurch Gott näher, als wenn Gott der Feind des Körpers wäre, der dessen Zerstörung und Untergang wolle; wobei sie nicht merkten, dass jene Handlungen (an und für sich) böse sind und sich dadurch irgend ein Seelenfehler ausbildet. Diese Menschen kann

---

1) Diese beiden Verba werden durch das eine arabische: خرجوا عن‎ ـل ausgedrückt, da in ihm in Verbindung mit diesen Praepositionen das „Sich-Abwenden von dem einen und Sich-Zuwenden einem andern Gegenstande" liegt. Die Praep. عن bezeichnet an sich schon den Uebergang von einer Sache zur andern, von einem Orte zum andern, wie z. B. der Satz: سَافِرْ عَنِ ٱلْبَلَدِ „reise von der Stadt ab" zugleich das: „und gehe anderswohin" in sich schliesst; من würde in dieser Verbindung nur den Ausgangspunkt bezeichnen, ohne Rücksicht darauf, ob die Reise nach einem andern Punkte sich wenden solle.

2) Jerem. 9, 1. — Es ist der tiefe Schmerz über die unglückliche Lage des von ihm so warm geliebten Volkes und den Verfall der von ihm in ihrem wahren Geiste aufgefassten und mit ganzer Seele in sich aufgenommenen Religion, der in diesem Klageruf wie in vielen anderen dem gepressten Herzen sich entringt. Jeremia ist, wie Lazarus in seinem vortrefflichen Buche über diesen warmherzigen Propheten (S. 24) sagt, „durchaus eine tragische Natur, ein tragischer Held im hervorragenden Sinn; er ist vielleicht der grösste tragische Charakter, der je in der Geschichte hervorgetreten ist."

Er leidet tief, aber trotz bittern Schmerzes über das augenblickliche sociale und religiöse Elend erhebt sich sein hoher Geist hoffnungsvoll zum Lenker der Menschengeschicke und kämpft, in vollster Überzeugung vom Siege der Wahrheit, mit wunderbarer Kraft für die *Verinnerlichung* und den *Universalismus* der Religion.

man mit einem der Arzeneiwissenschaft Unkundigen vergleichen, der sieht, dass erfahrene Aerzte Todkranken das Fleisch von Koloquinten, Scammonium, Aloe [1]) und dergleichen einnehmen lassen, die (gewöhnliche) Nahrung aber ihnen entziehen, und diese dann von ihrer Krankheit genesen und in wunderbarer Weise dem Tode entgehen; da denkt dieser Unkundige: wenn diese Dinge von der Krankheit heilen, so müssen sie um so viel mehr [2]) vermögen dem Gesunden die Gesundheit zu erhalten oder sie noch zu vermehren. Nimmt er nun aber wirklich fortwährend jene Dinge zu sich und richtet seine Lebensweise nach Art der Kranken ein, so wird er ohne Zweifel krank werden. In gleicher Weise ziehen sich auch Jene unzweifelhaft Seelenkrankheiten dadurch zu, dass sie in (geistig-) gesundem Zustande Heilmittel anwenden. Auch lehrt das göttliche Gesetz, das, selbst vollkommen, uns zur Vollkommenheit führt, — wie ein trefflicher Kenner desselben von ihm bezeugt: „Gottes Lehre ist vollkommen, labet die Seele — macht weise den Einfältigen" [3]) — nichts dergleichen, es arbeitet vielmehr darauf hin, dass der Mensch der Natur gemäss lebe, den Mittelweg einhalte, so dass er mit Maass esse was ihm zu essen, mit Maass trinke was ihm zu trinken gestattet ist, ferner mit Maass den erlaubten ehelichen Umgang pflege, Gerechtigkeit und Billigkeit übend mit andern in Ortschaften

---

1) Starke Purgirmittel. Es ist bemerkenswerth, dass, nach Mittheilung eines hiesigen Arztes, diese Mittel noch heute ihre Stellung in der Arzeneikunde behaupten und vielfache Anwendung finden. Vgl. Nothnagel u. Rossbach, Handbuch der Arzeneimittellehre und Ewald, Arzeneiverordnungslehre u. A.

2) أَجْدَر und أَحْرَى eig.: *magis dignus, conveniens*, haben in dieser Verbindung die Bedeutung: *quanto magis, quanto potius*.

3) Ps. 19, 8. S. Excurs II.

zusammenlebe, nicht aber Höhlen und Gebirge zu seinem Aufenthalte wähle, nicht sich in Haare und Wolle hülle, nicht seinen Körper kasteie und peinige. Es ist dies verboten durch das, was uns die Tradition von dem Nasiräer lehrt: „Er (der Priester) sühne ihn darum, dass er sich vergangen an der Seele." (Num. 6, 11). Da fragen nun unsere Weisen: An welcher Seele hat er sich denn vergangen? Sie antworten: An seiner eigenen, weil er sich den Wein versagt hat. Haben wir hier nicht von dem Kleineren auf das Grössere zu schliessen: wenn dieser, der sich nur den Wein versagt hat, der Sühnung bedarf, um wie viel mehr derjenige, der sich jedes Genusses enthält [1])? In den Werken unserer Propheten und unserer Gesetzüberlieferer sehen wir, dass sie darauf hinarbeiteten, dass rechte Maass zu halten und Seele und Körper in der Verfassung zu erhalten, zu welcher das Gesetz und jene Antwort verpflichtet, die Gott der Allerhöchste durch seinen Propheten Denjenigen ertheilte, welche hinsichtlich des Einen jährlichen Fasttages die Frage gestellt hatten, ob sie dabei beharren sollten oder nicht. „Soll ich —

---

1) Nasir 19a, 22a; Taanit 11a; B. Kama 91b und an mehreren anderen Stellen. Der Schluss *a minori ad majus* (קל וחומר) ist eine der gewöhnlichsten Interpretationsregeln (מדות), deren sich die Talmudisten bei der Deduction gesetzlicher Bestimmungen bedienten und stand bei ihnen in hohem Ansehen. R. Ismael sucht sogar (Beresch. R. C. 92) nachzuweisen, dass dieser Schluss bereits in der Schrift Anwendung gefunden und führt die zehn Stellen an, wo er vorkommt (עשר קלים וחומרין שכתובים בתורה). Raschi (zu Succa 31a) sagt, dass diese Interpretationsregel die einzige von den dreizehn sei, die, auch wenn sie nicht durch Tradition festgestellt worden, angewandt werden könnte (לא ניתן לידרש מעצמן מכל י"ג מדות ... אלא ק"ו) und dies wohl deshalb, weil sie vor allen „ihre Begründung in sich selbst hat", indem dieser Schluss „eine der Grundlagen des Denkens bildet", wie Frankel richtig sagt. Siehe seine Programm-Abhandlung: Ueber paläst. und alexandr. Schriftforschung, S. 15.

Ueber den von Maim. hier besprochenen Gegenstand vergl. auch Kusari (ed. Cassel) p. 155 und Hirschfeld, Al-Chazari S. 85.

so lautete ihre Frage an den Propheten Zacharia — weinen im fünften Monate in Enthaltsamkeit, wie ich es gethan diese vielen Jahre?" Darauf antwortete Gott: „Da ihr gefastet und geklagt habt im fünften und im siebenten Monate diese siebenzig Jahre, habt ihr etwa mir gefastet? Und wenn ihr esset und wenn ihr trinket, seid nicht ihr die Essenden und ihr die Trinkenden?" Hierauf schrieb er ihnen nur Mässigkeit und Tugend, keinesweges aber Fasten vor, indem er also sprach: „So spricht der Herr der Heerschaaren: richtet wahrhaftiges Gericht und erweiset Liebe und Barmherzigkeit Einer dem Andern." Dann heisst es ferner: „So spricht der Herr der Heerschaaren: das Fasten des vierten und das Fasten des fünften und das Fasten des zehnten (Monates) werden dem Hause Juda zur Wonne und Freude und zu fröhlichen Festzeiten, aber Wahrheit und Friede liebet" [1]). Wisse nun, dass „Wahrheit" die intellectuellen Tugenden bedeutet, indem sie — wie wir in dem zweiten Capitel dargethan — unwandelbare Wahrheit sind; „Friede" dagegen die moralischen Tugenden bezeichnet, auf welchen der Friede in der Welt beruht.

Ich kehre nun zu meinem Gegenstande zurück. Wenn jene Bekenner unseres Gesetzes, — denn nur von diesem rede ich, — welche andern Religionen nachahmen, sagen, dass sie das, was sie thun, nämlich dass sie ihren Körper kasteien und sich jedes Vergnügens enthalten, nur in der Absicht thun, um die körperlichen Kräfte in

---

1) Zach. 7, 3—6; 7, 9; 8, 19. Vgl. hierzu die Talmudstelle Rosch Hasch. 18*b*, und R. Isaac Arama's Akeda Pforte 63, wo über das wahre Wesen des Fastens gehandelt wird und es zum Schlusse heisst: ירצה מי יתן ויהיו לכם אלו הצומות לימי שמחה ומשתה בשתהיו אוהבים האמת והשלום. S. auch die treffliche Bemerkung R. Jochanans, von Bacher (Jahrb. f. j. Gesch. u. Litt. 1903, S. 72) angeführt.

Zucht zu halten und ein wenig mehr zu dem einen Extrem hinzuneigen, — wie wir in diesem Capitel dargethan, dass der Mensch sich nothwendig in einer solchen Verfassung zu erhalten hat: — so ist das, wie wir zeigen werden, von ihrer Seite ein Irrthum. Es hat uns nämlich das göttliche Gesetz seine Verbote und Gebote nur zu eben diesem Zwecke gegeben, nämlich dass wir uns vermittelst strenger Sittenzucht von dem einen Extrem weiter entfernen sollen. Denn das Verbot aller unerlaubten Speisen, der Gegenstände unerlaubter fleischlicher Vermischung, des Umganges mit einer Buhlerin, ferner die Verpflichtung zum gesetzlichen Eingehen der Ehe, in welcher bei alle dem der eheliche Umgang nicht zu jeder Zeit gestattet, sondern in der Zeit der Menstruation und nach der Niederkunft verboten ist, und ausserdem nach Vorschrift unserer Alten beschränkt und am Tage ganz unterlassen werden soll, wie wir in dem Tractat Sanhedrin [1]) gezeigt haben, — dies alles hat Gott nur deshalb gesetzlich festgestellt, damit wir uns von dem Extrem der Genusssucht weit entfernen und von der rechten Mitte ein wenig nach der Seite der Fühllosigkeit für den Genuss hinneigen, um so in unserer Seele die Disposition der Enthaltsamkeit zu befestigen.

In gleicher Weise verhält es sich mit allen gesetzlichen Bestimmungen über das Entrichten des Zehnten, über die Nachlese, über die (auf dem Felde) vergessenen Garben, über das Stehenlassen der Ecken des Feldes, das Auflesen der abgefallenen Beeren und Trauben (im

---

1) Maim. bezieht sich hier auf seinen Mischna-Commentar zu Sanhedrin, wo er (fol. 27) ausführlich über das rechte Verhalten hinsichtlich dieses Punctes spricht. Vgl. noch Hilchot Deot, C. 3.

Weingarten), ebenso mit der gesetzlichen Anordnung des Brach- und Jubeljahres, des Spendens milder Gaben an den Armen, soweit er deren bedürftig ist, — alles dies nähert sich der Verschwendung nur deshalb, damit wir uns selbst von dem Extrem der Knickerei weit entfernen und uns dem Extrem des verschwenderischen Gebrauchs unseres Vermögens nähern sollen, auf dass sich die Generosität in uns befestige. — Wenn du von diesem Gesichtspunkte aus die meisten Gesetze betrachtest, so wirst du bei ihnen allen finden, dass sie die Seelenkräfte in Zucht zu halten bestimmt sind, wie sie z. B. Rache zu nehmen und Wiedervergeltung zu üben schlechthin durch die göttlichen Worte untersagen: „Du sollst dich nicht rächen und nicht Groll nachtragen" (Lev. 19, 19), „du sollst es leichter mit ihm machen" (dem unter seiner Last erliegenden Esel deines Feindes aufhelfen [Exod. 23, 5]), „du sollst ihn aufrichten" (den auf dem Wege hinfallenden Esel oder Ochsen deines Feindes [Deut. 22, 4]), damit die Kraft des Zornes und des Grimmes geschwächt werde; desgleichen ist das Wort: „du sollst sie ihm zurückbringen" (die verirrten Thiere deines Bruders [Deut. 22, 1]), dazu bestimmt, die Disposition zur Habsucht hinwegzuschaffen; ebenso die Worte: „vor einem grauen Haupte sollst du aufstehen und ehren sollst du den Greis" (Lev. 19, 32), „ehre deinen Vater" u. s. w. (Exod. 20, 12), „du sollst nicht abweichen von dem, was sie dir sagen werden" u. s. w. (Deut. 17, 11), dazu bestimmt, die Disposition zur Frechheit hinwegzuschaffen und dagegen die zur ehrerbietigen Scheu zu erzeugen [1]). Dann aber will das

---

1) Wie eigenthümlich, ja befremdend es uns auch vorkommen muss, dass Maim. diese Vorschriften statt aus dem Princip der Menschenliebe, die er doch am

Gesetz wiederum vom andern Extrem, ich meine von der übermässigen Schüchternheit, zurückhalten, und darum heisst es: „du sollst deinen Nächsten zurechtweisen" (Lev. 19, 17), „du sollst dich nicht vor ihm fürchten" (dem falschen Propheten [Deut. 18, 22]), damit die zu grosse Schüchternheit schwinde und wir auf dem Mittelwege bleiben. Wenn nun aber ein, ohne Zweifel thörichter, Mensch kommt und zu diesen Dingen noch mehr hinzufügen will, z. B. über die verbotenen Speisen hinaus das Essen und Trinken überhaupt und über den verbotenen geschlechtlichen Umgang hinaus die Ehe untersagt, über die im Gesetze vergeschriebenen milden Gaben, frommen Spenden und Schatzungen hinaus sein ganzes Vermögen an Arme oder zu heiligen Zwecken hingiebt, so übt er, ohne es zu wissen, die Handlungen schlechtgearteter Menschen und verfällt, die rechte Mitte gänzlich verlassend, in das eine der beiden Extreme. Die Weisen haben über diesen Gegenstand einen Ausspruch, wie mir nie ein originellerer vorgekommen ist [1]). Er findet sich im jerusalemischen Talmud, im neunten Abschnitte des Tractats Nedarim. Sie sprechen dort tadelnd von Denjenigen,

---

Schlusse seines „Führers" als das höchste Ziel der Religion und alles menschlichen Strebens erklärt, abzuleiten, auf seine Auffassung der rechten Mitte gründet und sogar die heilige Pflicht der Elternverehrung darin begründet sieht, so lässt sich doch hierbei eine gewisse — freilich wenig ansprechende — Consequenz nicht verkennen. Diese Pflicht betreffend, sei bei dieser Gelegenheit auf die schöne Midrasch-Stelle (Pesikta r. p. 21) hingewiesen, wo die Eltern als die beiden Lichter ihrer Kinder dargestellt werden.

1) Nach den Regeln der altarabischen Grammatik, an die Maimonides (wie Andere seiner Zeit) sich nicht immer streng hält, müsste nach لَم (vgl. Caspari—Müller⁴ 199 u. 207 und Fleischer, kl. Schriften an vielen Stellen) hier die Iussiv-Form (مَجْزُوم genannt) stehen: also يَمُرْ; denn لَم gehört zu den Wörtern, die diese Form nothwendig machen. (الْجُوَازِم).

welche sich durch Schwüre und Gelübde Fesseln anlegen, so dass sie Gefangenen ähnlich werden, und hierbei thun sie folgenden Ausspruch: „R. Adai sagt im Namen des R. Isaac: Hast du an dem nicht genug, was das Gesetz dir untersagt hat, dass du dir noch andere Dinge untersagst?" Das ist dem Sinne nach genau dasselbe, was wir gesagt haben, weder mehr noch weniger.

Aus Allem nun, was wir in diesem Capitel dargelegt haben, geht klar hervor, dass man sich die Handlungen der rechten Mitte zum Ziele setzen müsse und sich nicht von ihnen hinweg einem der beiden Extreme zuwenden dürfe, ausser zu Heilzwecken und um durch das Gegentheil (für die Seelenkrankheiten) Abhülfe zu schaffen. Und gleichwie der in der Arzeneiwissenschaft Erfahrene, wenn er sieht, dass sein körperlicher Zustand die geringste nachtheilige Veränderung erlitten hat, nicht sorglos hinlebt und die Krankheit sich nicht so festsetzen lässt, dass er dann eine äusserst starke Cur nöthig hätte, und gleichwie er, wenn er erkennt, dass eines der Glieder seines Körpers krank geworden ist, es fortwährend schont, die ihm schädlichen Dinge meidet und das aufsucht, was ihm helfen kann, damit dieses Glied wieder gesund oder wenigstens nicht noch kränker werde: so muss auch der Mensch, wie er sein soll [1]) seine moralischen Eigenschaften stets sorgfältig prüfen, seine Handlungen abwägen, die Disposition seiner Seele täglich untersuchen, und so oft er dieselbe zu irgend einem Extreme sich hinneigen sieht, schnell das richtige Heilverfahren anwenden und nicht zulassen, dass die böse Diposition durch wiederholte Ausübung des Schlech-

---

1) So ist hier wohl sinngemäss كامل zu nehmen; „vollkommen" wäre unpassend, da „Vollkommenheit" (im Denken und Handeln) ja erst erstrebt werden soll.

ten sich, wie wir gezeigt haben, festsetze. In gleicher Weise soll er auch die moralischen Mängel, die ihm anhaften, sich vor Augen halten und nach unserer obigen Anweisung fortwährend sie zu heilen bestrebt sein, da nun einmal der Mensch nicht ganz fehlerfrei sein kann. Denn, sagen die Philosophen, es ist schwer und kaum möglich, Jemanden zu finden, der von Natur zu allen Tugenden, den moralischen sowohl, als auch den intellectuellen, befähigt wäre.

Und auch in den Büchern der Propheten [1]) ist Vieles der Art ausgesprochen. Es heisst: „Siehe, seinen Dienern traut er nicht" u. s. w. (Job 4, 18), „Kann ein Mensch gerecht sein vor Gott [2]), wie kann rein sein ein Weibgeborener?" (Job 25, 4). Und Salomo sagt vom Menschen im Allgemeinen: „Es ist kein Mensch so gerecht auf Erden, dass er nur Gutes thäte und nie sündigte." (Pred. 7, 20). Du weisst aber auch, dass Gott der Allerhöchste zu dem Meister aller Früheren und Späteren, unserm Lehrer Mose sprach: „Weil ihr nicht an mich geglaubt", „weil ihr widerspenstig gewesen, mich nicht verherrlicht habt" u. s. w. Dies alles (sprach Gott) obschon Mose's — Heil über ihn! — Schuld bloss darin bestand, dass er sich von einer moralischen Tugend, und zwar der Sanftmuth, ab- und einem der beiden Extreme, nämlich dem Jähzorne, zugewandt hatte, indem er sprach: „Hört doch, ihr Widerspenstigen!" (Num. 20, 10), Gott rügte es nun an ihm, dass ein Mann, wie er in Gegenwart der Gemeinde Israels an

---

1) „Propheten" hier, wie an anderen Stellen, in weiterem Sinne gebraucht.
2) Dass an dieser Stelle עם, wie مع im Arabischen, auch in den Bedeutung „gegen" (im Verhältniss zu oder im Vergleich mit) genommen werden könne, habe ich in ZDMG. 54, S. 8 auf Grund von Fleischer's „kl. Schriften" (I, 415) erwähnt.

einem Orte ergrimmte, wo sich dies nicht geziemte. Eine derartige Handlungsweise war für **diesen** (hervorragenden) Mann eine Entweihung des göttlichen Namens, weil man sich alle seine Handlungen und seine Worte zum Muster nahm und dadurch die zeitliche [1]) und ewige Glückseligkeit zu erlangen hoffte. Wie durfte er sich also ergrimmt zeigen, was, wie wir dargethan, zu den Handlungen schlechter Menschen gehört und nur aus einer bösen Seelendisposition hervorgeht [2]). Das sich hierauf beziehende göttliche Wort aber: „ihr seid widerspenstig gegen mich gewesen" ist nach unserer Auffassung **so** zu verstehen. Mose redete hier nicht Ungebildete und Untugendhafte an, sondern Menschen von der Beschaffenheit, dass nach dem Ausspruche unserer Weisen selbst die Geringste unter ihren Frauen dem Ezechiel,

---

1) Durch ein dem Guten geheiligtes Leben wird schon auf Erden Glückseligkeit erreicht; sie soll aber nicht als L o h n, sondern als F r u c h t des Guten betrachtet werden und so ist auch das biblische למען טוב לנו כל הימים aufzufassen. Dass es für den wahrhaft Guten, trotz aller Mühen und Sorgen, die freilich das Leben trüben können, in innerster Seele eine solche Glückseligkeit gebe, steht im Judenthume, das allen Pessimismus verwirft, fest. Sagt doch sogar der (durch Zeitverhältnisse) von pessimistischen Gedanken nicht wenig beherrschte Kohelet (3, 12): ידעתי כי אין טוב בם כי אם לשמוח ולעשות טוב בחייו, welches Letztere nicht „sich gütlich thun", sondern „Gutes thun" bedeutet.

Diese Eudämonie, die nichts Verwerfliches in sich hat und die A r i s t o t e l e s als τῶν πρακτῶν τέλος bezeichnet (s. Eth. nic. I, 1—4; I, 7—8) kann dem Tugendhaften, wie er lehrt, auch unter schwierigen und bedrückenden Umständen zu Theil werden: „es bricht der Glanz des Sittlich-Schönen auch da hervor und mit edler Ruhe (εὐκάλως) trägt der Mensch viele und grosse Unglücksfälle, nicht aus Gefühllosigkeit, sondern weil er edel und hochgesinnt ist." (Das. X, 12). Vgl. auch Pol. VII, 12, 2 u. 4. Das der vollkommenen Tugend gewidmete Leben muss aber die **g a n z e Z e i t d e s D a s e i n s** andauern; „denn wie Eine Schwalbe oder auch Ein Tag keinen Frühling macht, so auch nicht Ein Tag oder eine kurze Zeit glückselig." (Das. I, 7, 14—16).

2) Maim. scheint uns diese so oft aufgeworfene und so verschiedenartig beantwortete Frage nicht in der rechten Weise gelöst zu haben. Nicht das **e i n z e l n e W o r t**, das Mose in **g e r e c h t e m** Zorne über die Widerspenstigkeit des Volkes zu diesem gesprochen — Aaron war ja hierbei jedenfalls, wie schon B e c h a i in seinem Bibel-Commentare gegen M. einwendet, schuldlos — war seine und Aarons Sünde, sondern diese bestand in dem **g a n z e n B e n e h m e n** der beiden Gottesmänner, da

Sohn Busi's gleich war, (Menschen), die Alles, was er sprach und that, genau beachteten [1]). Als nun die Israeliten sahen, wie er in Grimm gerieth [2]) sagten sie: „Er — Heil über ihn! — gehört ja nicht zu Denen, die einen moralischen Fehler an sich haben, und wüsste er nicht, dass Gott über uns zürnt, weil wir Wasser begehrten, und dass wir des Allerhöchsten Unwillen erregt, so würde er nicht ergrimmen." Wir finden aber nicht, dass der Allerhöchste, als er mit ihm über diese Angelegenheit sprach, ergrimmt oder zornig gewesen wäre, sondern er sagte nur: „Nimm den Stab — und gieb der Gemeinde und ihrem Viehe zu trinken."

Wir sind hiermit zwar ganz von dem Gegenstande unseres Capitels abgekommen, haben aber eine von den in der heiligen Schrift uns aufstossenden Schwierigkeiten gelöst, über die schon oft gesprochen worden ist, und doch wird noch oft gefragt, worin Mose's Sünde bestanden habe. Halte nun gegen einander, was wir selbst darüber gesagt haben und was sonst darüber gesagt

---

sie sich bei dieser Gelegenheit nicht, wie Philippson in seinem Commentare z. St. richtig sagt, „als die ruhigen, ihres Weges sicheren, durch vollendetes Bewusstsein Gottes getragenen Propheten benommen und somit vor dem Volke nicht die sichere Haltung entfaltet, die ihm am gottbegeisterten Manne zum Muster sein sollte." — Vgl. übrigens Raschi's, Nachmanides', Ibn Esra's und Mendelssohn's Commentare z. St.

1) Diese in der Mechilda zu בְּשַׁלַּח (Exod. 15, 2) vorkommenden Worte enthalten natürlich eine der grössten agadischen Hyperbeln, auf die merkwürdiger Weise der klare Denker — auch er konnte sich nicht ganz von dem Einflusse der Agada und seiner Zeit überhaupt frei machen — hier sich einliesst. Ich ziehe jedenfalls die etwas weniger übertriebene Stelle Deb. R. C. 7 vor, wo es heisst: ראה הפחות בימי משה מה שלא ראה יחזקאל גדול בנביאים שדברה עמהם שכינה פנים בפנים שנא' פנים בפנים דבר ה' עמכם und nehme הפחות (wie ich schon anderswo anmerkte) in der Bedeutung „der geistig Geringe", wie auch אנשים פחותים" in ethischer Bedeutung vorkommt, und möchte an der Mechilta-Stelle statt ראו השפחות die Lesart ראה הפחות הפחות vorschlagen.

2) Vom Zorn lautet ein weiser Spruch: הכעס יעלה חלודה על השכל עד שלא יראו בעליו הטוב כדי שיעשנו ולא הרע כדי שירחיקנו (Moralspr. d. Philos. angef. in Dukes' Blumenlese S. 193).

worden ist, und die Wahrheit wird sich ihren Weg zum Ziele bahnen.

Um nun auf meinen Gegenstand zurückzukommen (so sage ich): wenn der Mensch seine Handlungen immer genau abwägt und es auf solche anlegt, welche am besten die rechte Mitte halten, so erreicht er die höchste menschliche Stufe, kommt dadurch Gott näher und wird Dessen was Er besitzt (der ewigen Seligkeit) theilhaftig. Dies ist die vollkommenste Art der Gottesverehrung. Diesen Gegenstand haben auch die Weisen besprochen und ausdrücklich davon gehandelt. Sie sagen hierüber: „Jeder der seine Pfade ordnet, wird würdig das göttliche Heil zu schauen; denn es heisst (Ps. 50, 23): ‚Wer seinen Wandel richtet, den lasse ich das Heil Gottes schauen'; lies nicht wesam, sondern wescham derech"[1]). Schuma aber bedeutet allgemeine Massbestimmung und Abschätzung. Und dies ist gerade der Gedanke, den wir in diesem ganzen Capitel entwickelt haben. — So viel haben wir über diesen Gegenstand zu sagen für nöthig befunden.

---

1) Sota 5*b*; Moed Kat. 5*a*. Der Formel: אל תקרא (אל תקרי) אלא .... „lies nicht ...... sondern" bedient sich die frei mit dem Bibelworte schaltende Haggada, um durch Umstellung der Vocale oder Umbiegung der Buchstaben in ähnlich lautende in einen Ausspruch der Schrift einen von ihr erfassten Gedanken hineinzutragen, den er in der ursprünglichen Lesart nicht hat. Dass hierdurch der Willkür der freieste Spielraum eröffnet ist, sieht Jeder ein; jedoch muss dies von dem ganzen Standpuncte aus, den die Haggada einnahm, beurtheilt und darf nicht vergessen werden, dass eine wirkliche Textänderung damit nicht beabsichtigt und der eigentliche Wortsinn daneben beibehalten wurde. Dass auch Maim. davon Gebrauch macht, kann nicht befremden, wenn man bedenkt, wie er von seinem philosophischen Standpuncte aus des ihm doch so heiligen Bibelwortes in freier Weise sich bedient, um die ihn erfüllenden Gedanken in demselben wiederzufinden.

FUNFTES CAPITEL.

VON DER RICHTUNG DER SEELENKRÄFTE AUF EIN ZIEL.

Es ist nothwendig, dass der Mensch alle seine Seelenkräfte nach vernünftigem Ermessen — wie wir in dem vorhergegehenden Capitel gezeigt — wirksam sein lasse und sich Ein Ziel vor Augen setze, nämlich dies: Gott den Allmächtigen und Erhabenen zu erfassen so weit es dem Menschen möglich ist, ich meine: die Erkenntniss desselben zu erlangen [1]). Er muss ferner alle seine Handlungen, sein Thun und sein Lassen und alle seine Reden so einrichten, dass sie zu diesem Ziele hinführen, damit in seinen Handlungen durchaus nichts Zweckloses sei, das heisst etwas, das nicht zu diesem Ziele hinführt. So soll er z. B. mit allem Essen und Trinken, dem ehelichen Umgange, Schlafen und Wachen, Bewegung und Ruhe nur die Gesundheit des Körpers beabsichtigen, deren Zweck wiederum dies ist, dass die Seele ihre Werkzeuge gesund und wohlbehalten finde, um sich der Erwerbung von Kenntnissen frei hingeben und sich die moralischen und intellectuellen Tugenden aneignen zu können, — alles zu dem Ende, dass der Mensch jenes Ziel erreiche.

Dieser Regel zufolge wird er dann nicht blos dem

---

[1]) In einem sinnreichen, wenn auch etwas eigenthümlichen Gleichnisse stellt Maim. im „Führer" (III, S. 51) die ungleichen religiösen Auffassungen und Standpunkte der Menschen dar. Er beginnt mit denen, die „weder einen speculativen noch traditionellen Glauben haben und daher nicht als wirklich Vernünftige angesehen werden können und schliesst mit denen, die, nachdem sie eine vollkommene Kenntniss der Metaphysik gewonnen, alle ihre Gedanken auf Gott richten und ihr ganzes Leben ihm heiligen.

Vergnügen nachstreben, so dass er in Betreff der Speisen und Getränke und ebenso der übrigen Lebensweise nur das auswählen sollte, was am angenehmsten ist, sondern er wird vielmehr das Nützlichste aufsuchen; ob dies zufälligerweise angenehm oder unangenehm ist, wird ihm gleichgültig sein. Oder er wird auch das Angenehme aus medicinischen Rücksichten aufsuchen, so z. B. wenn er, an geschwächtem Appetit leidend, diesen durch leckere, wohlschmeckende und süsse Speisen zu erregen sucht; ebenso wird er, wenn ihn eine melancholische Stimmung überfällt[1]), diese durch das Anhören von Gesängen und verschiedenartigen Musikstücken, durch das Lustwandeln in Gärten und schönen Gebäuden, das Verweilen bei schönen Bildern und Aehnliches dieser Art, was die Seele erheitert und die melancholischen Gedanken von ihr verscheucht, zu beseitigen suchen. Bei allem diesen soll nun sein Zweck einzig der sein, seinen Körper gesund zu erhalten, und die Gesundheit des Körpers wiederum nur die Erlangung von Kenntnissen zum Zwecke haben. Desgleichen soll er auch, wenn er mit reger und angestrengter Thätigkeit sich Vermögen erwirbt, bei dessen Ansammlung hauptsächlich den Zweck vor Augen haben, es im Dienste der Tugenden zu verwenden und zur Erhaltung seines Körpers und Verlängerung seines Daseins in Bereitschaft zu haben, um als höchstes Ziel Gott zu erkennen, so weit er erkannt werden kann.

Aus diesem Gesichtspunkte betrachtet leistet die Heil-

---

1) Die arabischen Aerzte nennen vier Flüssigkeiten (اخلاط الانسان), die für das Leben des Menschen nothwendig sind, nämlich: البلغم, الصفرا, السودا und الدم ("die schwarze und die gelbe Galle, das Phlegma und das Blut"), auf welchen die vier Temperamente beruhen.

kunde zur Aneignung der Tugenden und der Gotteserkenntniss, sowie zur Erlangung der wahren Glückseligkeit [1]) sehr grosse Dienste, und die Erlernung und das Studium derselben ist eine der **vorzüglichsten gottesdienstlichen Thätigkeiten**, sie selbst dann aber auch nicht der Weber- oder Zimmermannskunst gleichzustellen, weil sie es ist, durch die wir unsere Handlungen abmessen, und diese (wahrhaft) menschliche, zur Erlangung von Tugenden und wahrhaften Erkenntnissen führende Handlungen werden. Denn wenn Jemand voreilig eine dem Gaumen behagende, angenehm duftende, leckere Speise geniesst, die aber ungesund und schädlich ist, ja vielleicht sogar eine gefährliche Krankheit oder plötzlichen Tod verursacht, so ist er den vernunftlosen Thieren gleich und seine Handlungsweise nicht die eines Menschen insofern er Mensch sondern nur insofern er ein animalisches Wesen ist, „dem Vieh, dem Stummen, gleich" [2]). Menschlich handelt

---

1) Dass durch Tugend und Erkenntniss des göttlichen Wesens die wahre Glückseligkeit erlangt wird, lehrt bekanntlich auch Aristoteles; die ungestörte Betrachtung des Göttlichen bei voller Vernunftthätigkeit ist ihm jedoch der höchste Grad, zu dem der Menschengeist sich erheben könne, nicht, insoweit er etwas Menschliches, sondern insofern etwas Göttliches in ihm vorhanden ist ($\mathring{\eta}$ θεῖόν τι ἐν αὐτῷ ὑπάρχει). Eth. Nic. X, 7, 7. Vgl. auch Michelet Comment. in eth. Nic. p. 65.

2) Ps. 49, 13. — Dass vermöge der Herrschaft des Geistes über das Sinnliche dieses selbst vergeistigt und zum Vernünftigen erhoben werden soll, lehrt auch Philo, indem er sagt: τὸ ἄλογον ἡμῶν μέρος ψυχωθῆναι καὶ τρόπον τινὰ λογικὸν εἶναι. Quis rerum divin. h. p. 41. Siehe die Schrift: die Philonische Philosophie S. 60, wo wir auch auf dieses Capitel unserer Abhandlung hingewiesen haben. — Den Hauptgedanken desselben finden wir auch bei Spinoza (der, beiläufig bemerkt, ihn auch durch sein ganzes Leben zur Offenbarung gebracht) an vielen Stellen. So heisst es in seiner Ethik, P. IV, prop. 28: *Summum mentis bonum est Dei cognitio, et summa mentis virtus, Deum cognoscere.* Ferner P. V, prop. 14: *mens efficere potest, ut omnes corporis affectiones (seu rerum imagines) ad Dei ideam referantur.* Dann ibid. prop. 30: *Mens nostra quatenus se et corpus sub aeternitatis specie cognoscit, eatenus Dei cognitionem necessario habet.* — Vgl. hiermit noch Maim.'s Hilchot Deot, C. 3 und ff.

er nur dann, wenn er blos das Zuträglichste zu sich nimmt, ja bisweilen, in Gemässheit dieses Strebens nach dem Zuträglichsten, das Angenehmste bei Seite lässt und das Unangenehmste einnimmt. Dies heisst nach vernünftigem Ermessen handeln, und hierdurch unterscheidet sich der Mensch in dem was er thut von andern Wesen. Desgleichen, wenn er den Geschlechtstrieb befriedigt, wann immer es ihn gelüstet, ohne auf Schaden und Nutzen Rücksicht zu nehmen, so handelt er in gleicher Weise als animalisches Wesen, nicht aber als Mensch. Es kann aber auch wohl seine ganze Lebensweise, wie wir gesagt haben, nach dem Massstabe des Zuträglichsten eingerichtet sein, er jedoch dabei lediglich die Gesundheit des Körpers und dessen Sicherstellung vor Krankheiten als Zweck vor Augen haben: ein solcher Mensch ist jedoch nicht tugendhaft. Denn sowie Dieser die Annehmlichkeit der Gesundheit, so zieht jener Andere das Vergnügen des Essens oder der Befriedigung des Geschlechtstriebes allem Anderen vor, aber die Handlungen keines von ihnen beiden sind auf einen richtigen Zweck gerichtet. Nur das ist das Rechte, dass der Mensch alle Theile seiner Thätigkeit auf die Erhaltung der Gesundheit seines Körpers und die Fortdauer seines Daseins in ungestörtem Wohlsein zu dem Endzweck richtet, dass die Werkzeuge der Seelenkräfte, d. h. die Glieder des Körpers, unversehrt und wohl erhalten bleiben und so seine Seele ohne Hinderniss an Erwerbung der moralischen und intellectuellen Tugenden arbeiten könne. Ebenso verhält es sich mit allen Wissenschaften und Kenntnissen, welche er sich anzueignen sucht. Diejenigen von ihnen, welche geradezu nach diesem Ziele hinführen, kommen natürlich gar nicht in Frage; was aber diejenigen betrifft, welche zur Erreichung jenes Zieles nicht (unmittelbar) förderlich sind, wie z. B. die Sätze der Algebra und das Buch (des Apollonius) von den Kegelschnitten[1]), die technischen Kunstgriffe, das gründlich getriebene Studium der Geometrie und der Mechanik und vieles Aehnliche, so bezweckt man damit, vermittelst strenger Beweisführung den Geist zu schärfen und das rationelle Vermögen zu üben, damit der Mensch die habituelle Fertigkeit erlange, die streng demonstrative Schlussweise von andern zu unterscheiden, und dies für ihn ein Mittel werde, zur Erkenntniss von der Wahrheit des Daseins Gottes zu gelangen. — Ebenso verhält es sich mit allen Reden des Menschen: er soll nur über

---

1) اَلْمُقَابَلَة, vollständig wie hier اَلْجَبْرُ والْمُقَابَلَة, ist das, was wir mit dem ersten dieser beiden Wörter die Algebra nennen, eig. *completio et reductio*.

جَرُّ الْأَثْقَال, eig. das Ziehen der Lasten, ist die Bezeichnung für Mechanik. (Beides hatte Herr Prof. Fleischer mir mitzutheilen die Güte; in den mir zugänglichen Wörterbüchern ist Nichts darüber zu finden).

Des berühmten Mathematikers Apollonius von Perga Schriften waren unter den Arabern sehr verbreitet; mehrere der in lateinischer Sprache bei uns vorhandenen, in der Ursprache aber verloren gegangenen Bücher sind aus dem Arabischen übersetzt worden; so hat der zweite Theil des 1710 von Halley in Oxf. herausgegebenen Werkes: *Apollonii Pergaei Conicorum libri octo (et Sereni Antissensis De Sectione Cylindri et Coni libri duo)* den besondern Titel: *Apollonii Pergaei libri tres posteriores ex Arabico sermone in Latinum conversi etc.* Ebenso ist das 1706 erschienene Werk: *De Sectione Rationis libri duo*, wie der Titel angiebt, aus dem Arabischen (nach einem Manuscript) übertragen worden. Schon früher, im J. 1661 waren besonders erschienen: *Apoll. P. Conicorum liber quintus, sextus et septimus, Paraphraste Abalphato Asphahanensi, nunc primum editi. Additus in calce Archimedis assumtorum liber, ex codd. arabicis* etc. — Dieselben drei Bücher des Apollonius wurden 1669 auch in Kiel lateinisch herausgegeben unter dem Titel: *Apoll. sectionum libri quintus, sextus et septimus in Graecia deperditi, ex Arabico Ms. latinitate donati a Ch. Ravio.* Siehe Hoffmann Bibliogr. Lexicon der ges. Litteratur der Griechen und Römer. Th. I, S. 134 ff. Vgl. auch Wenrich *de auctorum graecorum versionibus* p. 198 *seqq.* — Maim. citirt diese Κωνικὰ στοιχεῖα des Apollonius „Führer" I, C. 73.

Dinge sprechen, aus welchen er für seine Seele irgend einen Nutzen ziehen oder von ihr oder seinem Körper irgend etwas Schädliches abwenden kann, oder über eine Erkenntniss, oder eine Tugend, oder zum Lobe einer Tugend oder eines Tugendhaften, oder zum Tadel eines Lasters oder eines Lasterhaften. Denn die mit Fehlern Behafteten zu schmähen und ihre Werke als schlecht darzustellen, wenn dies nur zu dem Zwecke geschieht, sie in der Meinung anderer Menschen herabzusetzen, damit diese sich vor ihnen warnen lassen und nicht handeln wie sie, ist nothwendig und tugendhaft [1]). Siehst du nicht, wie Gott sagt: „Thut nicht nach der Handlungsweise des Landes Aegypten und nach der Handlungsweise des Landes Canaan" u. s. w. (Lev. 18, 3). Auch die Schilderung der Sodomiter, sowie alle in der heiligen Schrift vorkommenden Stellen, wo die mit Fehlern Behafteten getadelt und ihre Werke als schlecht dargestellt, dagegen die Guten gelobt und gepriesen werden, haben nur den angegebenen Zweck, dass die Menschen dem Wege Dieser folgen und den Jener vermeiden sollen. Wenn sich nun der Mensch ein solches Ziel setzt, so werden sehr viele seiner gewöhnlichen Handlungen unterbleiben und sehr viele seiner gewöhnlichen Reden wegfallen. Denn wer nach diesem Ziele strebt, wird sich nicht die Mühe geben, die Wände mit Gold bemalen oder eine goldene Borde an ein Kleid setzen zu lassen; er müsste denn etwa dabei die Absicht haben, seine Seele aufzuheitern, um sie wieder

---

[1]) Wie sündhaft und verderblich es aber ist, in böser Absicht oder auch aus Leichtsinn von Anderen Übles zu reden, wird so vielfach (in der Schrift z. B.: Levit. 19, 16; Ps. 34, 14; Spr. 13, 5; 18, 21) gelehrt, dass Maim. es hier nicht besonders hervorzuheben brauchte. Vgl. jedoch u. a. auch meinen Aufsatz: „zur Spruchkunde" (ZDMG. 55, 393, N. 2).

gesund zu machen und ihre Krankheit von ihr zu verbannen, damit sie spiegelblank und hell werde, Erkenntnisse in sich aufzunehmen, wie die Weisen sagen: „Eine schöne Wohnung, eine schöne Frau und ein wohl zugerichtetes Bett ziemen dem Gelehrten [1]." Denn durch anhaltende Betrachtung schwerer Dinge wird die Seele abgespannt und der Geist abgestumpft. Gleichwie der Körper durch Verrichtung beschwerlicher Arbeiten erschlafft, und erst, wenn er ruht und rastet, wieder in die rechte Verfassung kommt, so ist es auch ein Bedürfniss der Seele, auszuruhen und sich durch Ergötzung der Sinne beschäftigen zu lassen, z. B. durch Beschauung von Gemälden und anderen schönen Dingen, damit die Abspannung von ihr weiche; wie auch die Weisen sagen: „Wenn die Gelehrten durch Studiren matt geworden waren, so redeten sie irgend etwas Erheiterndes [2]." Auf diesem Standpunkte ist es gar wohl möglich, dass jene Bemühungen, — ich meine die, welche man auf die Ausschmückung von Gebäuden, Gefässen und Kleidern mit Malereien und farbigen Verzierungen wendet, — weder als schlechte noch als zwecklose Handlungen anzusehen sind.

Wisse aber, dass das eine sehr hohe und schwer zu ersteigende Stufe ist, die nur Wenige und zwar erst nach sehr grosser Uebung erreichen. Giebt es jedoch vielleicht einen Menschen, bei dem dies wirklich der Fall ist, so möchte ich ihn nicht tiefer stellen, als die

---

1) Sabb. 25b.
2) Vgl. Sabb. 30b, wo es jedoch heisst: רבה מקמי דפתח להו לרבנן אמר מילתא דבדיחותא ובדחו רבנן. (Maim. citirt oft nur aus dem Gedächtnisse). Rabba wollte durch Gemüthsfreudigkeit das ernste Studium empfänglicher machen (wahrlich eine pädagogische Methode, die Beachtung verdient).

Propheten; ich meine, dass er alle seine Seelenkräfte allein auf Gott den Allerhöchsten als ihr Endziel richtet und weder irgend etwas thut, sei es gross oder klein, noch irgend etwas spricht, was nicht entweder unmittelbar oder mittelbar zu einer Tugend hinführt, indem er Alles, was er thut und treibt, bedenkt und überlegt, und darauf sieht, ob es zu jenem Endziele führt, oder nicht, und dann erst (wenn er das Erstere gefunden) es thut. Und dies ist es, wonach wir streben sollen, laut der Forderung Gottes in den Worten: „Du sollst lieben den Ewigen, deinen Gott, mit deinem ganzen Herzen, mit deiner ganzer Seele und deinem ganzen Vermögen" (Deut. 6, 5), d. i. mit allen Theilen deiner Seele, so dass du einem jeden Theile derselben Ein Endziel vorsteckst: den Einigen, deinen Gott, zu lieben. Auch die Propheten — Heil über sie! — treiben uns an, nach diesem Ziele zu streben. Es heisst: „Auf allen deinen Wegen merke auf Ihn" (Spr. 3, 6), wozu die Weisen erklärend sagen: „sogar bei einer Gesetzesübertretung", d. i. du sollst der betreffenden Handlung, wenn auch in irgend einer Hinsicht eine Uebertretung [1]) damit verbunden ist, wenigstens einen auf Gott gerichteten Endzweck geben [2]). Es haben aber die Weisen — Heil über sie! — diesen ganzen Gedanken in so kurze summarische Worte als nur möglich, und dabei doch in so höchst vollkommener Weise zusammengefasst, dass, wenn man betrachtet, wie die

---

1) Selbsverständlich einer Ceremonial- oder Ritualvorschrift, um eine höhere ethische Pflicht zu erfüllen. An dieser Talmudstelle (Berach. 63a) wird aber auch der Ausspruch Bar Kapparas angeführt, der einen schönen, das ganze sittliche Leben berührenden Sinn hat: "בכל,, איזהו פרשה קטנה שכל גופי תורה תלוין בה? דרכיך דעהו."

2) D. h. also: das wahrhaft Gute.

Kürze dieser Worte einen so grossen, gewaltigen Gedanken, über welchen, ohne ihn zu erschöpfen, ganze Werke verfasst worden sind, vollständig ausdrückt, man erkennt, dass dieser Ausspruch ohne Zweifel durch göttliche Kraft gethan worden ist. Es ist dies nämlich der unter ihren Vorschriften in diesem Tractate (Abot) vorkommende Ausspruch: „Alle deine Handlungen seien um Gottes willen." Und dies ist der Gedanke, den wir in diesem Abschnitte entwickelt haben. — So viel haben wir hier, nach dem Masse dieser Einleitungen [1]), zu sagen für nöthig erachtet.

SECHSTES CAPITEL.

VOM UNTERSCHIEDE ZWISCHEN DEM TUGENDHAFTEN UND DEM ENTHALTSAMEN.

Die Philosophen sagen, der Enthaltsame, wenn er auch tugendhafte Handlungen ausübe, thue das Gute doch nur indem er zugleich nach bösen Handlungen Lust und Verlangen trage, gegen diese seine Lust aber ankämpfe, dem, wozu ihm seine Kraft, Begierde und Seelendisposition antreibt, entgegenhandle und das Gute ausübe, während er sich durch dessen Ausübung belästigt fühle. Der Tugendhafte hingegen folge in seinem Thun dem, wozu ihn sein Begehren und seine Seelendisposition antreibt, und übe das Gute aus, indem er selbst Lust und Verlangen darnach trage. Uebereinstimmend ferner wird von den Philosophen angenom-

---

1) Zu einigen Tractaten der Mischna, die gegenwärtige: zu Abot.

men, der Tugendhafte sei vorzüglicher und vollkommener als der Enthaltsame; jedoch, sagen sie, kann der Enthaltsame in vielen Stücken dasselbe leisten wie der Tugendhafte, obwohl er im Range nothwendig unter ihm steht, weil er Begierde nach Ausübung des Bösen fühlt, und ob er es auch nicht ausübt, so ist doch sein Verlangen danach eine schlechte Disposition der Seele [1]). Und dem Aehnliches sagt auch schon Salomo, indem er spricht: „Eines Bösen Seele verlangt nach Schlechtem" (Spr. 21, 10). Ferner über die Freude des Tugendhaften an der Ausübung des Guten und das Missbehagen des Untugendhaften bei derselben thut er folgenden Ausspruch: „Eine Freude ist es den Frommen, das Rechte zu üben, aber ein Schrecken den Uebelthätern" (Das.

---

1) Es scheint mir geeignet, hier Zeller's Worte bezüglich Kant's „Kategorischen Imperativs" anzuführen.

„Auf eine Neigung zur Pflichterfüllung ist bei dem Menschen, wie er glaubt, nicht zu rechnen, weil er eben nicht blos ein vernünftiges, sondern ein sinnlich-vernünftiges Wesen ist; ein solches Wesen kostet die strenge Pflichterfüllung immer ein gewisses Opfer, es muss sich durch einen freien Selbstzwang zu ihr nöthigen. Eine Pflichterfüllung aus blosser Neigung hätte aber auch keinen sittlichen Werth; denn unsere Neigung zu einem Gegenstande gründet sich auf das Vergnügen, das er uns gewährt: was wir daher aus Neigung thun, das thun wir um unserer selbst, nicht um unserer Pflicht willen. Dem Sittengesetz gegenüber ziemt uns nur Ein Gefühl: das der Achtung vor seiner Majestät; und in diesem Gefühl allein liegt auch die richtige sittliche Triebfeder. Eine Handlung ist sittlich, wenn sie aus der Achtung vor dem Sittengesetz hervorgeht; wogegen in jedem anderen Fall zwar vielleicht Gesetzmässigkeit der Handlung, aber nicht Gesetzmässigkeit der Gesinnung, zwar Legalität, aber nicht Moralität, möglich ist." (Geschichte der deutsch. Philos. S. 456 ff.). — Die gute Gesinnung bei der Pflichterfüllung ist auch ein Postulat der Ethik des Judenthums: bei allem Ausüben des Guten wird כונה לשם שמים vorgeschrieben. Und was Maimonides betrifft, siehe die schöne Stelle (S. 397, No. 20) in Lazarus' „Ethik" wobei ich mir jedoch die Bemerkung erlaube, dass ich die dort eingeschobenen Worte: „und bei einem Aristoteliker desto weniger erwarteten" nicht recht verstehe, indem ich an Nic. Eth. X, 7, 8 denke: ἅπαντα ποεῖν πρὸς τὸ ζῆν κατὰ τὸ κράτιστον τῶν ἐν αὐτῷ. — Maimonides fordert aber auch in Übereinstimmung mit den Lehren des Judenthums Freudigkeit bei allem ethischen Thun in dem Bewusstsein, Gottes heiligen Willen zu erfüllen (wie u. a. Ps. 112, 1es ausdrückt).

21, 15). Dieses sind die klar vorliegenden, mit dem von den Philosophen Gesagten übereinstimmenden Aussprüche des göttlichen Gesetzes. Als wir aber die Aussprüche unserer Weisen über diesen Gegenstand untersuchten, fanden wir dass sie sagen, derjenige, welcher nach gesetzwidrigen Handlungen Lust und Verlangen trägt, (sie aber doch unterlässt), sei vorzüglicher und vollkommener als der, welcher keine Lust dazu hat und bei deren Unterlassung kein Missbehagen empfindet; ja sie sagen sogar, je vorzüglicher und vollkommener Jemand sei, desto stärker sei sein Verlangen nach gesetzwidrigen Handlungen und sein Missbehagen bei der Unterlassung derselben. Hierüber bringen sie auch Erzählungen bei; sie sagen ferner: „Bei Jedem, der grösser ist als sein Nächster (ein Anderer), ist auch die Begierde grösser als bei diesem[1]." Doch nicht genug damit: sie lehren sogar, der Lohn des Enthaltsamen sei so gross als das Missbehagen, welches ihm seine Enthaltsamkeit verursacht, indem sie sagen: „Nach Massgabe des Schmerzes ist der Lohn[2]." Ja, was noch stärker ist als dies: sie gebieten, der Mensch solle Enthaltsamkeit üben, verbieten ihm aber zu sagen, er habe von Natur keine Begierde, die und die gesetzwidrige Handlung zu begehen, auch wenn das Gesetz sie nicht verböte. Es heisst nämlich bei ihnen: „R. Simeon b. Gamliel sagt: der Mensch spreche nicht: ich möchte nicht Fleisch mit Milch zusammen essen, nicht Zeug von zweierlei Gewebe (aus Wolle und Leinen) anlegen, ich möchte nicht den gesetzlich verbotenen geschlechtlichen Umgang pflegen, sondern: Ich möchte es wohl,

---

[1] Succa 52*a*.   [2] Abot 5, Schluss.

aber was kann ich thun, da mein Vater im Himmel es mir untersagt hat ¹). — Fasst man beim ersten Blicke nur den auf der Oberfläche liegenden Sinn der beiden Classen von Aussprüchen ²) auf, so widersprechen sie einander. Aber dem ist nicht so; sie sind vielmehr beide wahr und widersprechen einander durchaus nicht. Das Böse nämlich, was bei den Philosophen so heisst und wovon sie sagen dass derjenige, welcher keine Lust dazu hat, vorzüglicher sei als der, welcher Lust dazu hat, sich aber dessen enthält, das sind die Dinge, welche bei den Menschen ingesammt als böse bekannt sind, wie Blutvergiessen, Diebstahl, Raub, Betrug, Jemandem Schaden zufügen, der nichts Böses that, dem Wohlthäter mit Bösem vergelten, unwürdige Behandlung der Eltern u. dgl. Dies sind die Gesetze, von denen die Weisen — Heil über sie! — sagen: wenn sie nicht bereits vorgeschrieben wären, so würde es sich gebühren, dass man sie vorschreibe ³). Einige unserer neueren Ge-

---

1) So lautet die Stelle im Midr. v. Leviticus; in Midr. Jalkut, zu Wajikra, §. 226 ist derselbe Ausspruch, nur mit einiger Veränderung, im Namen des R. Elieser b. Asarja angeführt und lautet folgendermassen: מנין שלא יאמר אדם וכו' ת"ל ואבדיל אתכם מן העמים להיות לי נמצא הפורש מן העברה מקבל עליו מלכות שמים. — Maimûnîs eigenthümliche Erklärung des rabbinischen Verbots אכילת בשר וחלב (bekanntlich aus der Vorschrift Exod. 23, 19; 34, 26 u. Deut. 14, 21 entwickelt, in der Philo humane Gründe findet) s. „Führer III, C. 48, bei Munk, p. 398. Er glaubt nämlich, dass dadurch eine starke Überfüllung (des Blutes) erzeugt werde, vermuthet aber auch, dass dies auf einen götzendienerischen Brauch hinweise. Ein solcher scheint ihm auch dem Verbote des שעטנז (über welches Wort Gesenius Thesaurus s. v. und Geiger, Lehrbuch des Mischna II, 75 zu vergleichen ist) zu Grunde zu liegen, da, wie er sagt, Götzendiener ein Kleid aus dem Pflanzen- und Thierreich (Leinen und Wolle) zu tragen pflegten (Führer III, C. 37). — Philippson in seinem Bibelcomm. 3 S. 606 findet in diesem Verbote (wie in ähnlichen) richtig den Gedanken: „die Einfachheit des Naturgesetzes zu bewahren und nichts Naturwidriges zu bewirken."

2) Nämlich die der Philosophen und die der Rabbinen.

3) Joma 67b; der Wortlaut ist dort: שאלמלא לא נכתבו דין הוא שיכתבו, wobei zu bemerken, dass daselbst auch „גילוי עריות" genannt wird, was M. auffallenderweise zu der andern Klasse von Gesetzen zählt. — An einer andern Stelle heisst es: שאילו לא נכתבו ראוים הם להיכתב.

lehrten, welche an der Krankheit der Mutakallims leiden, nennen sie Vernunftgesetze[1]). Es ist nun kein Zweifel, dass die Seele, welche nach einem dieser Dinge Lust und Verlangen trägt, eine unvollkommene ist und dass eine tugendhafte Seele durchaus nach keinem dieser bösen Dinge Verlangen trägt, auch darüber, dass sie sich deren enthält, kein Missbehagen empfindet. Die Dinge hingegen, von denen die Weisen sagen, dass derjenige, welcher sie sich versagt, vorzüglicher und sein Lohn grösser sei, sind die in den positiven (Offenbarungs-) Gesetzen verbotenen. Und das ist ganz richtig; denn wäre das göttliche Gesetz nicht, so würden sie auch in keiner Weise etwas Böses sein. Und deswegen sagen die Weisen, es sei nöthig, dass der Mensch die natürliche Neigung zu diesen Dingen in seiner Seele erhalte und sich durch nichts Anderes davon abhalten lasse, als durch das Gesetz. Betrachte nun die Weisheit jener Männer — Heil über sie! — und was sie als Beispiel aufstellen! Denn er (R. Simeon b. Gamliel) sagt nicht: „der Mensch spreche nicht: ich möchte nicht morden,

---

1) Hiermit ist vor Allen Sa'adja gemeint, der im dritten Abschnitt seines *Emunot we-Deot* diese Unterscheidung zwischen אלשראיע (המצות השכליות) אלעקליה und אלסמעיה (המצות השמעיות) אלשראיע aufstellt und in dessen Werke der „jüdische Kalâm", wie Munk (a. a. O. I, S. 336) treffend sagt, uns entgegentritt. Auf ihn spielt Maim. auch „Führer" I, 71 mit den Worten בעץ אלגאונים (Munk's Ausg. Bl. 94a) an. S. Munk a. a. O. Vgl. auch Cassel's Anmerkung z. Kusari V, 15 (S. 407). Über das Religionssystem Sa'adja's s. Guttmann's ausführliche und gründliche Schrift: „die Religionsphilosophie S. s." Vgl. auch Munk, Mélanges, p. 477 ff., Geiger, das Judenth. u. seine Geschichte, II, 69 ff., m. „Religion und Philos. nach Sa'adja al-Fajjûmî (ZDMG. 44, 154 ff.) und „Zur Charakteristik der Bibelexeg. Sa'adja Alfajjûmî's" (Ztschr. f. d. alttest. Wiss. IV, 1 ff. u. V, 23 ff.). Einen störenden Druckfehler zu Anfang اللنباب statt كتاب bitte ich bei dieser Gelegenheit zu berichtigen. — S. auch Kaufmann, Attributenlehre Seite 3 ff. Vgl. auch m. „Bemerkungen" (Magazin für das Wissenschaft d. Judenth. 1880).

nicht stehlen, nicht lügen, sondern: ich möchte es wohl, aber was kann ich thun" u. s. w., sondern er führt Dinge an, die sämmtlich positiver (erst durch das Offenbarungsgesetz bestimmter) Art sind, wie der Genuss von Fleisch mit Milch zusammen, das Anlegen eines Zeuges von zweierlei Gewebe und der verbotene geschlechtliche Umgang. Diese und ähnliche Gesetze sind solche, welche Gott „meine Satzungen" nennt, „Satzungen", wie unsere Weisen sagen, „welche ich für dich beschlossen und über welche zu grübeln dir nicht gestattet ist, gegen welche die Völker der Welt Einwendungen erheben und welche der Satan anklagt [1]), als da sind: die rothe Kuh, der Sündenbock u. s. w." Diejenigen aber, welche die Spätern Vernunftgesetze nennen, heissen nach der Erklärung unserer Weisen „Gebote". — Aus allem dem, was wir gesagt haben, erhellt klar, von welchen gesetzwidrigen Handlungen es gilt, dass derjenige, welcher kein Verlangen nach ihnen trägt, vorzüglicher ist als der, welcher zwar Verlangen danach trägt, aber sich deren enthält, und hinsichtlich welcher das Gegentheil stattfindet. Es ist dies eine ungewöhnlich feine Distinction und zugleich eine merkwürdige Vereinbarung der beiden Classen von Aussprüchen, wobei schon der Wortlaut derselben für die Richtigkeit unserer Erklärung spricht. Hiermit ist der Gegenstand dieses Capitels zum Abschluss gebracht.

---

[1]) Joma daselbst. Vgl. zu der angeführten Talmudstelle die Hagahot des Jes. Pick (in der Landau'schen Ausgabe).

SIEBENTES CAPITEL.

VON DEN SCHEIDEWÄNDEN UND DEREN BEDEUTUNG.

Man findet häufig in den Midraschim und Agadot, bisweilen auch im Talmud, dass einige Propheten Gott nur hinter **vielen**, andere dagegen hinter **wenigen Scheidewänden** schauten, nach Massgabe ihres Näheverhältnisses zu Gott und der Höhe ihres Prophetenranges [1]). Sie (die Rabbinen) sagen sogar, unser Lehrer Mose habe Gott hinter einer einzigen klaren d. i. durchsichtigen Scheidewand geschaut. Es heisst bei ihnen nämlich: „Er schaute durch ein die Augen erleuchtendes Speculare" [2]). Speculare aber ist der Name eines aus einem durchsichtigen Körper, wie Krystall und Glas, verfertigten Spiegels, wie wir zu Ende des Tractats

---

1) Vgl. Munk, le guide III, 56 (Anmk.) und 450 (Anmk.). (Im Neuarabischen bedeutet جِلَاب, wie ich irgendwo gelesen, „Amulett").

2) Jebam. 49b. Die Stelle lautet vollständig: כל הנביאים נסתכלו באספקלריא שאינה מאירה משה רבינו נסתכל באספקלריא המאירה. Auf Grund dieses Ausspruches hinsichtlich der Propheten heisst es im kurân Sur. 42, 50: وَمَا كَانَ لِبَشَرٍ أَنْ يُكَلِّمَهُ اللَّهُ إِلَّا وَحْيًا أَوْ مِنْ وَرَاءِ حِجَابٍ

„Nicht war es einem Menschen vergönnt (kam es ihm zu), dass Gott anders ihn anredete, als entweder durch ein Gesicht oder hinter einem Vorhange" (מאחורי הפרגוד). Siehe hierüber Geiger's Preisschrift: Was hat Muh. aus dem Judenthume aufgenommen? S. 81.

Die Stelle in seinem Commentar zu Kelim, auf welche Maim. hier hinweist, lautet folgendermassen: אספקלריא היא המכסה אשר יעשה לראות מאחוריו והוא אצלי מלה מורכבת „ספק ראה" (sic!!) וזה שיראה אחורי המכסה שהוא מזוכית או מן בלאור או מן דבר ספירי לא יראה במקומו האמתי וכן לא יראה על שיעורו האמתי ויקראו החכמים המכסה הבהיר מאד אשר לא יסתיר דבר מאחוריו אספקלריא המאירה ואמר על צד המשל בהשגת מרע"ה לאלהות שהוא השיג הבורא יתברך על תכלית מה שאפשר האדם מאשר הוא בחמר ההשגה שישיגנהו כמו שאמר יתברך מזה כי לא יראני האדם וחי.

Kelim darthun werden. Mit diesem Satze ist das gemeint, was ich dir jetzt sagen will. Wir haben nämlich bereits im zweiten Abschnitte auseinandergesetzt, dass die Tugenden theils intellectuelle, theils moralische sind, und ebenso die Fehler theils intellectuelle, wie Unwissenheit, Stumpfsinn und Unthätigkeit der productiven und urtheilenden Geisteskraft, theils moralische, wie Genusssucht, Hochmuth, Jähzorn, Ingrimm, Unverschämtheit, Habsucht und ähnliche, deren es sehr viele giebt und zu deren methodischer Erkenntniss wir schon im vierten Capitel Anleitung gegeben haben. Diese Fehler in ihrer Gesammtheit nun sind die Scheidewände, welche den Menschen von Gott dem Allerhöchsten trennen. Dies lehrt der Prophet, indem er sagt: „Nur eure Sünden machten eine Trennung zwischen euch und eurem Gotte." (Jes. 59, 2). Er meint, unsere Sünden — und das sind, wie gesagt, jene bösen Dinge — seien die Scheidewände, die uns von Gott trennen. Nun wisse aber, dass kein Prophet die Prophetengabe eher erhält, als bis ihm alle intellectuellen und die meisten und unerschütterlichsten moralischen Tugenden zu eigen geworden sind. Und so sagen auch unsere Alten: „Die Prophetie ruht nur auf einem Weisen, der tapfer und reich ist" [1]). „Weise" begreift ohne Zweifel die intellec-

---

1) Sabbath 92*a*; Nedarim 38*a*. Der hier angeführte talm. Ausspruch (der auch durch: „Die .... auf Einem, der weise, tapfer und reich ist" wiedergegeben werden konnte) hat Sabb. 92*a* statt der Worte אֵין הַנְּבוּאָה, wie an unserer Stelle, אֵין הַשְּׁכִינָה und zum Schluss noch den Zusatz: וּבַעַל קוֹמָה („von hoher, imponirender Gestatt"); Ned. 38*a* heisst es dagegen am Anfange: אֵין הקב״ה משרה שכינתו und am Schlusse: וְעָנָיו, was jedenfalls besser ist als בַּעַל קוֹמָה, da die Bescheidenheit in Wahrheit die Tugend ist, welche den andern intellectuellen wie moralischen, Tugenden erst ihren rechten Werth verleiht und auch Mose, auf den an dieser Stelle vorzüglich Rücksicht genommen wird, dadurch vor Allen sich auszeichnete. Albo (Ikkarim III, 12) führt dieselben rabbin. Worte mit der Fassung: וּבַעַל קוֹמָה an und bemerkt hierbei, dass diese Eigenschaft zur

tuellen Tugenden in sich; „reich" bezeichnet eine moralische Tugend, ich meine die Genügsamkeit; denn den Genügsamen nennen sie reich, wie es zur Begriffsbestimmung des Reichen bei ihnen heisst: „Wer ist reich? Der sich seines Theiles freut"[1]), d. h. der zufrieden ist mit dem, was ihm das Glück zuertheilt hat, und das nicht schmerzlich vermisst, was es ihm nicht zuertheilt. Und ebenso gehört „tapfer" zu den morali-

---

Würde und Wirksamkeit des Propheten aus dem Grunde nothwendig sei, damit er dadurch an Ehre und Ansehen (und somit auch an Einfluss) beim Volke gewinne (כדי שיהיה מקובל ומהודר בעיני האומה). — In Uebereinstimmung mit seiner hier geäusserten Ansicht über das wesentlichste Erforderniss zur Erlangung der Prophetenwürde spricht sich Maim. auch in seinem Jad aus. Daselbst sagt er (Jesode ha-Tora C. 7, 1): מיסודי הדת לידע שהאל מנביא את בני האדם, ואין הנבואה חלה אלא על חכם גדול בחכמה גבור במידותיו ולא יהא יצרו מתגבר עליו בדבר בעולם אלא הוא מתגבר בדעתו על יצרו תמיד והוא בעל דעה רחבה נכונה עד מאד. אדם שהוא ממולא בכל המידות האלו שלם בגופו כשיכנס לפרדס וימשך באותן העניינים הגדולים הרחוקים ותהיה לו דעה נכונה להבין ולהשיג והוא מתקדש והולך ופורש מדרכי כלל העם ההולכים במחשבי הזמן והולך ומזרז עצמו ומלמד נפשו שלא תהי' לו מחשבה כלל באחד מדברים בטלים ולא מהבלי הזמן ותחבולותיו אלא דעתו פנויה תמיד למעלה קשורה תחת הכסא להבין באותן הצורות הקדושות הטהורות ומסתכל בחכמתו של הקדוש ברוך הוא מצורה ראשונה עד טבור הארץ ויודע מהן גדלו, מיד רוח הקודש שורה עליו.

Intellectuelle und sittliche Vollendung, vollkommenes Erhabensein über alles endliche Treiben, freiester Aufschwung der Seele in all ihrer Energie und Reinheit zu Gott, liebevollste Betrachtung der göttlichen Grösse und Erhabenheit und der Wunder seiner Schöpfung — dies sind die nothwendigen Bedingungen, von denen sich M. die Prophetie abhängig denkt. So heisst es auch „Führer" III, 51 (Scheyer's Ausgabe S. 413; s. den arabischen Text bei Munk), wo Maim. die verschiedenen Erkenntnissstufen durch ein Gleichniss von einem Könige und seinem Palaste zu veranschaulichen sucht: מי שישים כל מחשבתו אחר שלמותו באלהיות והוא נוטה כלו אל השם יתעלה והוא מפנה מחשבתו מזולתו וישים פעולות שכלו כולם בבחינת הנמצאות ללמוד מהם ראיה על הש"י לדעת הנהגתו אותם על אי זה צד אפשר שתהיה הם אשר באו אל בית המלך וזאת היא מדרגת הנביאים. Den in obiger Stelle vorkommenden Ausdruck: כשיכנס לפרדס haben wir schon in der Einleitung, wo auf die Talmudstelle Chag. 14*b* hingewiesen worden, erwähnt; vgl. auch Cassel Kusari S. 297; Grätz Geschichte d. Juden IV, 117. Dass hier unter פרדס metaphysische Betrachtungen zu verstehen sind, ist klar.

1) Abot IV, 1.

schen Tugenden; ich meine, ein solcher giebt seinen Kräften ihre Richtung nach Massgabe vernünftigen Ermessens, wie wir im fünften Capitel dargethan haben. Und so sagen sie (die Weisen) auch: „Wer ist tapfer? Der seine Begierde bezwingt" 1). Doch gehört es nicht zu den unerlässlichen Eigenschaften eines Propheten, dass er alle moralischen Tugenden besitze, so dass durchaus kein Fehler seiner Vollkommenheit Abbruch thäte. Denn bei Salomo, der doch nach dem Zeugnisse der Schrift ein Prophet war, indem es heisst: „Zu Gibeon erschien der Ewige dem Salomo" u. s. w. 2) finden wir einen moralischen Fehler, nämlich Genusssucht, was daraus erhellt, dass er sich viele Weiber nahm; dies aber ist eine der Handlungsweisen, welche aus der Seelendisposition der Genusssucht hervorgehen. Und so lautet ja auch das göttliche Wort: „Hat nicht darin Salomo gesündigt" 3)? Ebenso war auch David — Heil über ihn! — ein Prophet, wie es heisst: „Zu mir hat geredet der Fels Israels" 4), und doch sehen wir, dass er **grausam** war; und wenn er die Grausamkeit auch nur gegen die Heiden und bei Vernichtung der Ungläubigen ausübte, gegen Israel hingegen barmherzig war, so wird doch in den Büchern der Chronik klar gesagt, dass Gott ihn nicht für würdig hielt, den Tempel zu bauen, weil er zu Viele getödtet habe, und zu ihm sprach: „Nicht du sollst meinem Namen ein Haus erbauen, denn du hast viel Blut vergossen" 5). Auch beim

---

1) Abot IV, 1.   2) 1. Könige 3, 5.   3) Neh. 13, 26.
4) 2. Sam. 23, 3. — Dass Mausser Elia auch die hier Genannten als Propheten betrachtet, ist um so auffallender, als er nach dem Angeführten einen so hohen Begriff von der Prophetenwürde hat: er kann dies natürlich nur in einem **eingeschränkten** Sinne gemeint haben.
5) 1. Chr. 22, 8.

Propheten Elia — zum Guten sei seiner gedacht! — finden wir die Charaktereigenschaft des Jähzorns; und wiewohl er dieselbe nur gegen die Ungläubigen ausübte und nur gegen sie jähzornig war, so erklären doch unsere Weisen, dass Gott ihn aus der Welt genommen und zu ihm gesagt habe: „Wer so viel Eifer hat wie du, taugt nicht für die Menschen: er bringt sie um." So finden wir auch, dass Samuel vor Saul muthlos war und Jacob es feige vermied dem Esau zu begegnen. Diese und ähnliche Charaktereigenschaften also sind die Scheidewände der Propheten — Heil über sie! — Wer nun unter ihnen zwei oder drei solche, die rechte Mitte, wie wir im vierten Capitel auseinandergesetzt, nicht einhaltende Charaktereigenschaften hat, von dem wird gesagt, dass er Gott hinter zwei oder drei Scheidewänden schaue. Finde es aber nicht befremdend, dass die Fehlerhaftigkeit einiger Charaktereigenschaften dem Grade der Prophetie Eintrag thut; denn wir finden ja, dass einige moralische Untugenden die Prophetie geradezu unmöglich machen. So z. B. der Jähzorn, von dem die Weisen sagen: „Von jedem Jähzornigen, wenn er ein Prophet ist, schwindet die Weissagung [1]." Sie beweisen dies durch Elisa, der, als er in Jähzorn gerathen war, so lange keine Offenbarung erhielt, bis er denselben wieder hatte fahren lassen. Darauf gehen seine Worte: „Und nun bringet mir einen Saitenspieler" [2]. Ebenso auch bange Sorge und Traurigkeit. Denn da unser Stammvater Jacob gar zu lange um seinen Sohn Joseph trauerte, wurde der heilige Geist von ihm genommen, bis er die Freudenbot-

---

[1] Pesach. 66, wo die ganze Stelle zu vergleichen ist.
[2] 2. Kön. 3, 15.

schaft erhielt, dass Joseph noch lebe. „Da", heisst es, „lebte der Geist ihres Vaters Jacob auf" [1]), wofür das die von unserem Lehrer Mose überlieferten Gegenstände erklärende Targum sagt: „Es liess sich der Geist der Weissagung auf ihren Vater Jacob nieder" [2]). Und so erklären auch die Weisen ausdrücklich: „Die Weissagung wohnet weder bei der Trägheit, noch bei der Traurigkeit, sondern da, wo die Freude waltet" [3]). — Als nun unser Lehrer Mose erkannte, dass es für ihn keine Scheidewand mehr gab, die er nicht durchbrochen hätte, und sowohl alle moralischen als auch intellectuellen Tugenden in ihm zur Vollkommenheit gediehen waren, verlangte er, Gott so zu erkennen wie er wirklich ist, da nun kein Hinderniss mehr (für ihn) vorhanden sei; und so sprach er: „Lass mich doch deine Herrlichkeit schauen!" Darauf aber that ihm Gott der Allerhöchste kund, dass dies deswegen nicht möglich sei, weil er — nämlich als Mensch — ein auf materieller Grundlage existirendes Vernunftwesen sei. Darauf gehen seine (Gottes) Worte: „Denn mich schaut kein Mensch und lebt" [4]). So gab es also zwischen ihm und der Erkenntniss Gottes, wie er wirklich ist, nur noch eine einzige, durchsichtige Scheidewand, nämlich die (von der Materie) noch nicht getrennte menschliche

---

1) Gen. 45, 27.

2) Statt רוח נבואה heisst es daselbst: רוח קודשא. Dieses Targum (des Onkelos, wie es gewöhnlich genannt wird) steht bei Maim. in hohem Ansehen, so dass er sich oft darauf beruft und bisweilen auch bei Citaten aus der h. Schrift sich der Worte desselben statt der des Urtextes bedient. Dies erwähnt auch Frankel in seiner Hodegetik p. 322. Vergl. über diese Paraphrase und den Namen ihres Verfassers Geiger's Urschrift, S. 163 und Berliner's Werk: Targum Onkelos. —

„Gegenstande" (أَغْرَاضِ): hier selbstverständlich die (paraphrasirten) Schriftworte.

3) Sabbat 30; Pes. 117.

4) Exod. 33, 18; 33, 20.

Vernunft. Zwar erwies ihm Gott Gnade und verlieh ihm n a c h seiner Bitte mehr Erkenntniss (von Gottes Wesen) als er v o r derselben gehabt hatte, jedoch that er ihm zugleich kund, dass die Erreichung des höchsten Grades (der Gotteserkenntniss) ihm nicht möglich sei, so lange er noch einen Körper habe, wobei er die wahre Erkenntniss uneigentlich „Schauen des Angesichts" nannte [1]). Denn wenn ein Mensch das Angesicht eines andern sieht, so setzt sich dadurch in seiner Seele sofort ein Bild von ihm fest, durch welches er vor Verwechselung mit einem dritten gesichert ist. Sieht er aber nur die Rückseite von ihm, so wird er, wenn er ihn auch durch dieses Sehen (von andern) unterscheidet, doch vielleicht noch in einiger Ungewissheit über ihn sein, möglicherweise ihn sogar mit einem andern verwechseln. Und so besteht auch die Erkenntniss Gottes, wie er ist, darin, dass sich in der Seele (des Erkennenden) von Gottes wahrem Sein eine Vorstellung festsetzt, die, was dieses Sein betrifft, Gott allein und keinem andern seienden Wesen ausser ihm zukommt, so dass der Erkennende von Gottes Sein eine Vorstellung in seiner Seele hat, welche unwandelbar (in ihm) fest steht und von den Vorstellungen, die er von dem Sein aller übrigen seienden Wesen in seiner Seele hat, durchaus verschieden ist. So ist es also nie möglich gewesen, dass der Mensch (als solcher) diesen Grad der Erkenntniss erreicht hätte; indessen war das, was Mose — Heil über ihn! — (von Gott) erkannte,

---

1) كَنَّى, wie hier mit ب und عن verbunden, hat die Bedeutung: etwas mit einem uneigentlichen, an sich einen andern Gegenstand bezeichnenden Namen benennen.

nur ein Weniges geringer. Dies ist es, was Gott uneigentlich so ausdrückt: „Du wirst meine Rückseite sehen" u. s. w. [1]). Erschöpfend werde ich diesen Gegenstand in der Schrift über die Prophetie behandeln [2]).

Da nun die Weisen — Heil über sie! — wissen, dass die beiden Arten von Fehlern, nämlich die intellectuellen und moralischen, das sind, was eine Scheidewand zwischen dem Menschen und Gott bildet und in Hinsicht worauf die Rangstufen der Propheten von verschiedener Höhe sind, so sagen sie von einigen unter ihnen (den Weisen) wegen der Erkenntnisse und Charaktereigenschaften, welche sie selbst an ihnen beobachtet haben, sie wären würdig gewesen, dass die göttliche Majestät sich auf sie, gleichwie auf unseren Meister Mose, niedergelassen hätte [3]). Lass dir aber die Bedeutung dieser Vergleichung nicht entgehen! Sie vergleichen sie nämlich zwar mit ihm, doch nicht so, dass sie ihm dieselben — Gott behüte! — gleich stellten. Ebenso sagen sie in dem angegebenen Sinne von Andern: „gleichwie auf Josua."

Dies ist der Gegenstand, den wir in diesem Capitel abzuhandeln uns vorgesetzt hatten.

---

1) Die gewöhnliche Erklärung der Worte וראית את אחורי ist: das Schauen Gottes in seinen Manifestationen, sowohl im Reiche der Natur, wie in der Geschichte. פנים dagegen wird erklärt als „Gott in der Unmittelbarkeit der Erscheinung" (Philippson), die ganze Fülle und Herrlichkeit seines Wesens (כבוד) unmittelbar offenbarend.

2) Über die hier angedeutete Absicht, ein Buch über die Prophetie zu schreiben, spricht sich Maimonides in der Einleitung zum „Führer" ausführlich aus. S. Munk's Ausg. S. 15. Dass er seine Absicht, ein solches Werk, an dem er schon einige Zeit gearbeitet hatte, zu veröffentlichen, später aus Bedenklichkeit aufgab, sagt er ausdrücklich daselbst. Sicherlich ist Manches der betreffenden Speculationen in diesen aufgenommen worden, wo er ja an vielen Stellen von der Prophetie spricht.

3) Succa 128a; B. bathra 134a.

ACHTES CAPITEL.

VON DER NATÜRLICHEN BESCHAFFENHEIT DES MENSCHEN.

Dem Menschen kann nicht gleich ursprünglich von Natur eine Tugend oder ein Fehler anerschaffen sein, ebenso wie ihm nicht gleich von Natur der Besitz irgend einer praktischen Kunstfertigkeit anerschaffen sein kann [1]). Wohl aber kann ihm die Disposition zu einer Tugend oder einem Fehler anerschaffen sein, so dass ihm die derselben entsprechenden Handlungen leichter werden als andere. Es neigt sich z. B. Jemandes Temperament mehr zur Trockenheit, die Substanz seines Gehirnes ist klar und enthält nur wenig Feuchtigkeiten: einem solchen wird es leichter werden, etwas im Gedächtnisse zu behalten und Denkobjecte zu verstehen, als einem Phlegmatischen, der viel Feuchtigkeit im Gehirne hat. Wenn nun aber jener, durch sein Temperament zu dieser geistigen Tüchtigkeit Disponirte durchaus ohne Unterricht gelassen und keine seiner Kräfte richtig geleitet wird, so bleibt er ohne Zweifel unwissend. Ebenso wird aber auch dieser von Natur Stumpfe, mit einer Menge Feuchtigkeit Behaftete, wenn er unterrichtet und sein Verstand gebildet wird, Wissen und Verstandestüchtigkeit, jedoch nur mit Schwierigkeit und Anstrengung erlangen. In ganz derselben Weise wird Jemand, dessen Herz ein etwas hitzigeres Temperament hat, als gerade recht ist, tapfer, ich meine: zur Tapfer-

---

1) Dies lehrt auch Aristoteles (Eth. Nic. II, 1, 1—4), wo er, $\mathring{\eta}\vartheta o\varsigma$ von $\mathring{\varepsilon}\vartheta o\varsigma$ ableitend, ausführlich darstellt, wie die Anlage zur Tugend durch Übung im Guten entwickelt werden muss.

keit disponirt sein, so dass er, wenn man ihn (noch dazu) tapfer zu sein lehrt, mit Leichtigkeit wirklich tapfer wird. Hingegen wird ein Anderer, dessen Herz ein kälteres Temperament hat, als gerade recht ist, zu Feigheit und Muthlosigkeit disponirt sein, so dass er, wenn man ihn (noch dazu) feige und muthlos zu sein lehrt und gewöhnt, diese Gewohnheit mit Leichtigkeit annimmt. Hält man ihn aber zur Tapferkeit an, so wird er zwar nur mit einiger Anstrengung, aber, wenn man ihn nur unablässig daran gewöhnt, doch endlich tapfer werden.

Ich habe dir dies aber dazu auseinandergesetzt, dass du jenen Aberwitz nicht für wahr haltest, welchen die Astrologen lügenhafter Weise auskramen, indem sie vorgeben, dass die verschiedene Geburtszeit der Individuen sie mit einer Tugend oder einem Fehler begabe und dass das Individuum zu den entsprechenden Handlungen unwiderstehlich gezwungen sei [1]). Du aber wisse:

---

[1]) Die Freiheit des Menschengeistes, seine aus dem Bewusstsein hervorgehende freie Selbstbestimmung ist der feste Grund, auf dem alle Sittlichkeit ruht. In ihm, wie in dem Denkvermögen besteht die Ebenbildlichkeit des Menschen mit Gott und auf sie muss jede wahre Religion und Philosophie ihre ethischen Lehren bauen. Schön äussert sich Philo über die Freiheit des Menschengeistes in folgenden Worten: „Sie allein (die Vernunft) hat der erzeugende Vater der Freiheit gewürdigt (μόνην αὐτὴν ὁ γεννήσας πατὴρ ἐλευθερίας ἠξίωσε); die Bürde der Nothwendigkeit fortlassend, liess er sie ungebunden und beschenkte sie mit dem würdigsten und dem selbst eigenthümlichen Besitze, mit der freien Selbstbestimmung (καὶ τὰ τῆς ἀνάγκης ἀνεὶς δεσμὰ ἄφετον εἴασε, δωρησάμενος αὐτῇ τοῦ πρεπωδεστάτου καὶ οἰκείου κτήματος αὐτῷ τοῦ ἑκουσίου μοῖραν). Quod deus immut. p. 76 (ed. R.) — Was das Judenthum anbetrifft, so gehört die Lehre von der menschlichen Freiheit (בחירה) zu seinen Fundamental-Sätzen und ist daran stets in allen Phasen seiner Entwickelung als an einem wesentlichen Glaubensmomente in gleicher Weise festgehalten worden. Die griechische Philosophie hat — wenigstens in ihren Haupt-Repräsentanten — dasselbe Princip ausgesprochen. Aristoteles, auf den Maim. hier wohl vor Allem hinweist, lehrt dies in seiner Ethik an vielen Stellen. Wir wollen nur Eine anführen, die uns am besten hierher zu passen scheint, nämlich Eth. Nicom. III, C. 5. Das. heisst es: Ὄντος δὴ βουλητοῦ μὲν τοῦ τέλους, βουλευτῶν δὲ καὶ προαιρετῶν τῶν πρὸς

ein von unserer Religion und der griechischen Philosophie, auf Grund einer durch die bündigsten Beweise erhärteten Gewissheit, übereinstimmend gelehrter Satz ist der, dass alle Handlungen des Menschen ihm anheimgestellt sind, indem er hinsichtlich ihrer weder irgend einem Zwange noch irgend einem Einflusse von aussen unterliegt, der ihn zu einer Tugend oder einem Fehler hintriebe; sondern es giebt (in ihm), wie wir auseinandergesetzt haben, nur eine Temperaments-Disposition, durch welche (ihm) etwas leicht oder schwer wird; dass er es aber thun müsse oder nicht thun könne, ist durchaus nicht wahr. Wäre der Mensch zu seinen Handlungen gezwungen, so wären die Gebote und Verbote des göttlichen Gesetzes zweck- und nutzlos und alles dies wäre reiner Tand, da ja der Mensch in dem, was er thut, keine freie Wahl hätte. Ebenso würde daraus die Vergeblichkeit des Lehrens und Erziehens, so wie des Erlernens irgend welcher praktischen Künste folgen, und alles dies wäre eitel Spielerei, da ja, nach der Lehre der Anhänger dieser Meinung, der Mensch durch einen von aussen auf ihn einwirkenden Antrieb unumgänglich genöthigt wäre, die und die Handlung auszuüben, die und die Kenntniss zu erwerben, die und

---

τὸ τέλος, αἱ περὶ ταῦτα πράξεις κατὰ προαίρεσιν εἶεν ἄν, καὶ ἑκούσιοι· αἱ δὲ τῶν ἀρετῶν ἐνέργειαι περὶ ταῦτα. Ἐφ᾽ ἡμῖν δὴ καὶ ἡ ἀρετὴ, ὁμοίως δὲ καὶ ἡ κακία· ἐν οἷς γὰρ ἐφ᾽ ἡμῖν τὸ πράττειν καὶ τὸ μὴ πράττειν καὶ ἐν οἷς τὸ μὴ καὶ τὸ ναί· ὥστ᾽, εἰ τὸ πράττειν, καλὸν ὂν ἐφ᾽ ἡμῖν ἐστι, καὶ τὸ μὴ πράττειν ἐφ᾽ ἡμῖν ἔσται, αἰσχρὸν ὄν· καὶ εἰ τὸ μὴ πράττειν, καλὸν ὄν, ἐφ᾽ ἡμῖν, καὶ τὸ πράττειν, αἰσχρὸν ὂν ἐφ᾽ ἡμῖν. Εἰ δ᾽ ἐφ᾽ ἡμῖν τὸ τὰ καλὰ πράττειν καὶ τὰ αἰσχρὰ, ὁμοίως δὲ καὶ μὴ πράττειν· (τοῦτο δὲ ἦν, τὸ ἀγαθοῖς καὶ κακοῖς εἶναι·) ἐφ᾽ ἡμῖν ἔσται τὸ ἐπιεικέσι καὶ φαύλοις εἶναι. — Rousseau (contr. social I, IV) hat das treffende Wort: „renoncer à sa liberté c'est renoncer à sa qualité d'homme, aux droits de l'humanité, même à ces devoirs." Und Hegel sagt: „der Mensch hat in seinem Geiste die Freiheit als das schlechthin Absolute; der freie Wille ist der Begriff des Menschen."

die Charaktereigenschaft anzunehmen. Dann wäre auch jede Belohnung und Bestrafung reine Ungerechtigkeit, statthaft weder von Seiten der Einen von uns gegen Andere, noch von Seiten Gottes gegen uns. Denn wenn dieser Simeon, der den Reuben tödtet, unter der Gewalt einer zwingenden Nothwendigkeit tödten und der Andere unter der Gewalt einer zwingenden Nothwendigkeit getödtet werden muss, warum sollten wir den Simeon bestrafen und wie wäre es Ihm, dem Allerhöchsten, der „gerecht und gerade" ist, möglich, ihn wegen einer Handlung zu bestrafen, die er nothwendig verüben musste, die nicht zu verüben er, auch wenn er es gewollt, doch nicht vermocht hätte? Vergeblich wären dann auch durchaus alle Vorkehrungen (der Menschen), wie die Erbauung von Häusern, die Anschaffung von Nahrungsmitteln, das Fliehen beim Eintritt einer Gefahr u. s. w., weil das, was einmal bestimmt worden dass es geschehe, nothwendig geschehen müsste. Dies alles aber ist durchaus undenkbar und falsch, widerstreitet aller geistigen Erkenntniss und Sinneswahrnehmung, reisst die Mauer des Religionsgesetzes nieder und misst Gott Ungerechtigkeit bei, Ihm, der darüber hocherhaben ist [1]). Die keinem Zweifel unterliegende Wahrheit ist allein dies, dass alle Handlungen des Menschen ihm selbst anheimgestellt sind: will er etwas thun, so thut er es, will er es unterlassen, so unterlässt er es, ohne irgend welchen ihn dazu nöthigenden oder ihm Gewalt anthuenden Zwang. Hieraus nun folgte nothwendig die Verpflichtung (des Menschen) zur Gesetzeserfüllung; Gott sprach: „Siehe,

---

[1]) Siehe Excurs III.

ich habe dir heute vorgelegt das Leben und das Gute, den Tod und das Böse", „wähle das Leben"[1])! und liess uns hierin freie Wahl; — weiter folgte daraus die Bestrafung derjenigen, welche dem Gesetze zuwiderhandeln, und die Belohnung derjenigen, welche ihm gehorchen (wie es heisst): „Wenn ihr gehorchen werdet und wenn ihr nicht gehorchen werdet"; — ferner folgte daraus das Lehren und Lernen (wie es heisst): „Ihr sollt sie lehren euren Kindern", „Ihr sollt sie lernen und beobachten, um sie auszuüben"[2]), und so alle andern vom Lehren und Einüben der göttlichen Vorschriften handelnden Stellen; — auch folgten daraus alle (zur Verhütung von Schaden zu treffenden) Vorkehrungen, wie Gott in der das Wahre lehrenden (Offenbarungs-) Schrift ausdrücklich sagt: „Du sollst ein Geländer machen, ... wenn Jemand davon herunterfiele", „dass er nicht sterbe im Kriege", „worauf soll er schlafen"? „man soll nicht Mühle und Mühlstein pfänden"[3]), und sehr vieles Anderes über diesen Gegenstand — ich meine das Treffen von Vorkehrungen — in der Thora und den prophetischen Schriften. Was aber den bei den Weisen vorkommenden Ausspruch betrifft: „Alles ist in Gottes Hand mit Ausnahme der Gottesfurcht"[4]), so ist er wahr und geht auf eben das hin, was wir gesagt haben. Jedoch sind die Menschen hierüber oft im Irrthum und halten manche freiwillige Handlungen des Menschen für von der Nothwendigkeit erzwungene, wie z. B. dass er die und die Frau nehme, dass er dies

---

[1] Deut. 30, 15 u. 19.
[2] Deut. 11, 19. 5, 1.
[3] Deut. 22, 8; 20, 5. Exod. 22, 26. Deut. 24, 6. — Vgl. hierzu „Führer" III, 20 (Scheyer S. 129; Munk p. 152.
[4] Siehe Nidda 16*b*; Berachot 33*b*.

oder jenes Geld und Gut an sich bringe; dies ist aber nicht wahr. Denn wenn er diese Frau — vorausgesetzt, dass er sie ehelichen durfte — vermittelst Ehepact und Trauung genommen und sie geheirathet hat, um sein Geschlecht fortzupflanzen, so ist dies eine Gebotserfüllung, Gott aber trifft keine Vorherbestimmung über die Ausübung eines Gebotes. Wenn hingegen in der Schliessung der Ehe mit ihr etwas Verwerfliches liegt, so ist dies eine Gebotsübertretung, Gott aber trifft keine Vorherbestimmung über eine Gebotsübertretung. Ebenso verhält es sich mit dem, welcher eines Andern Geld und Gut raubt oder stiehlt oder veruntreut und es dann ableugnet und über desselben Geld und Gut einen (falschen) Eid gegen ihn schwört; — sagen wir, Gott habe für den Ersten die Vorherbestimmung getroffen, dass jenes Geld und Gut in seinen Besitz komme, hingegen jenem Andern verloren gehe, so hätte ja Gott über eine Gebotsübertretung Vorherbestimmung getroffen. So aber ist es nicht, sondern nur bei allen freiwilligen Handlungen des Menschen findet ohne Zweifel Gesetzesbefolgung und Gesetzesübertretung statt. Denn wir haben bereits im zweiten Capitel dargethan, dass alle religiösen Gebote und Verbote nur auf diejenigen Handlungen Bezug haben, bei welchen der Mensch die freie Wahl hat, sie auszuüben oder zu unterlassen; auf dem bezüglichen Theile der Seele nun beruht die „Gottesfurcht", und diese ist nicht in der Hand Gottes, sondern, wie wir nachgewiesen, dem freien Willen des Menschen anheimgestellt. Mit dem Worte „Alles" meinen die Weisen also nur die natürlichen Dinge, hinsichtlich deren der Mensch keine freie Wahl hat, wie z. B. dass er gross oder klein ist, dass es regnet oder dürre ist, dass die Luft ungesund oder gesund ist, und dergleichen mehr von Allem, was in der (sinnlichen) Welt geschieht, mit Ausnahme des Thuns und Lassens des Menschen. In diesem von den Weisen ausgesprochenen Gedanken aber, nämlich dass Gesetzesbefolgung und Gesetzesübertretung weder von der Vorherbestimmung noch von dem Willen Gottes, sondern von dem Entschlusse des Menschen abhängen, folgten sie dem Ausspruche Jeremia's, der also lautet: „Aus dem Munde des Höchsten geht nicht das Böse und (auch nicht) das Gute hervor" [1]). Denn das „Böse" bedeutet die bösen, das „Gute" die guten Handlungen, und demnach sagt er, Gott bestimme nicht vorher, dass der Mensch das Böse, und auch nicht, dass er das Gute thun solle. Wenn sich nun aber die Sache so verhält, so ziemt es dem Menschen über die von ihm begangenen Sünden und Missethaten zu trauern und zu jammern, da er selbst nach seiner freien Wahl böse gehandelt hat, und daher heisst es dort: „Wie klagt ein Mensch bei seinem Leben, ein Mann über seine Sünden!" Wiederum heisst es aber dann auch, die Heilung dieser Krankheit liege in unsern Händen, indem wir, wie wir nach unserer freien Wahl gesündigt, so auch uns bekehren und von unsern bösen Handlungen zurückkommen können. „Wohlan", heisst es darauf, „lasset uns unsern Wandel durchforschen und ergründen und zu Gott zurückkehren, lasset uns unsere Herzen mit den Händen zu Gott im

---

1) Maim. deutet diesen Bibelvers, dessen richtige Uebersetzung ist: „Dass nicht käme aus dem Munde des Höchsten das Böse wie das Gute (nämlich hinsichtlich der menschlichen Schicksale)?" ähnlich dem Midrasch, doch mit dem Unterschiede, dass dieser ihn nicht auf die Quelle, sondern auf die Folgen der guten und bösen Handlungen bezieht, indem er sagt: הרעה באה על עושה הרעה והטובה באה על עושה הטובה. Siehe Midr. z. Debar. C. 4.

Himmel erheben" ¹)! Was aber den allgemein bekannten Satz betrifft, dem Aehnliches auch in den Lehren der Weisen und den Aussprüchen der Schrift vorkommt, nämlich, dass das Stehen und Sitzen und alle Bewegungen (Thätigkeitsäusserungen) des Menschen nach dem Willen und Beschlusse Gottes geschehen, so ist dies allerdings wahrgesprochen, doch nur in einem gewissen Sinne, nämlich so wie, wenn Jemand einen Stein in die Luft wirft, dieser darauf herabfällt und wir dann von ihm sagen, er sei nach Gottes Willen herabgefallen, dies auch wahrgesprochen ist; denn Gott hat gewollt, dass die Erde mit allem dazu Gehörigen im Mittelpunkte (der Welt) sei; so oft daher ein Theil von ihr in die Höhe geworfen wird, bewegt er sich wieder nach dem Mittelpunkte zurück; ebenso bewegt sich ein jeglicher Theil des Feuers in die Höhe nach dem Willen, der sich darin bethätigt hat, dass das Feuer (überhaupt) sich in die Höhe bewegt; nicht aber so, dass Gott gerade jetzt, da dieser Theil der Erde in Bewegung gesetzt wurde, gewollt hätte, dass er sich nach unten bewege ²). Hierüber sind aber die Mutakallims verschiedener Meinung; denn ich habe sie sagen hören, der (göttliche) Wille sei bei jeder Sache immerfort von Neuem wirksam. Wir aber sind nicht dieses Glaubens, sondern der (göttliche) Wille bestimmte alles in den sechs Schöpfungstagen und alle Dinge haben beständig ihren naturgemässen Verlauf, wie er (Salomo) sagt: „Was gewesen ist, dasselbe wird sein; was ge-

---

1) Klagel. 3, 38—41.
2) Das Beispiel vom Stein und vom Feuer wendet Aristoteles (Eth. Nic. II, 1) an, um zu zeigen, dass Gegenstände der Natur sich nicht, wie dies bei Menschen in ethischer Beziehung der Fall ist, durch Gewöhnung verändern können.

schehen ist, dasselbe wird geschehen, und nichts Neues giebt es unter der Sonne". Hierdurch sahen sich unsere Weisen auch zu dem Ausspruche genöthigt, dass alle von dem gewöhnlichen Laufe der Dinge abweichenden Wunder, sowohl diejenigen, welche bereits eingetreten sind, als auch die verheissenen, welche erst in Zukunft eintreten werden, alle von dem göttlichen Willen in den sechs Tagen der Schöpfung vorausbestimmt wurden und schon zur damaligen Zeit in die Natur der bezüglichen Dinge die Fähigkeit gelegt wurde, dass hinsichtlich ihrer sich das ereigne, was sich später wirklich ereignet hat. Nachdem dies nun aber in der Zeit, in welcher es sich ereignen sollte, sich wirklich ereignet hat, so meint man, es sei etwas erst jetzt ganz neu Eingetretenes; dem ist aber nicht so. Ueber diesen Gegenstand haben sich bereits die Weisen im Midrasch Kohelet und anderswo vielfach verbreitet. Einer ihrer Aussprüche hierüber ist folgender: „Die Welt geht in ihrer Ordnung fort"[1]. Und in allem, was sie sagen, wirst du stets finden, dass sie es durchaus vermeiden, den (göttlichen) Willen als bei jedem einzelnen Dinge und in jedem besonderen Zeitpunkte sich äussernd darzustellen. — In dieser Weise wird nun auch von dem Menschen, wenn er aufsteht und sich niedersetzt, gesagt, dass er dies nach Gottes Willen thue, d. h.: Gott hat beim ursprünglichen Entstehen des Menschen in seine Natur die Fähigkeit gelegt, nach seiner freien Wahl aufzustehen und sich niederzusetzen; nicht aber dass Gott, wenn der Mensch in diesem Augenblicke aufsteht, gewollt hätte, dass der aufstehe

---

[1] Siehe Excurs IV.

oder nicht, ebensowenig als er gerade jetzt, wenn dieser Stein herabfällt, gewollt hat, dass er herniederfalle oder nicht. Alles zusammengenommen also hast du zu glauben, dass, wie Gott gewollt hat, dass der Mensch aufrechte Gestalt, breite Brust und Finger und Zehen habe, er auch gewollt hat, dass der Mensch von selbst thätig oder unthätig sei und nach freiem Willen handle, ohne von irgend etwas dazu gezwungen oder daran verhindert zu werden, wie Gott auch in der Schrift der Wahrheit lehrt, wo er zur Darlegung dieses Gedankens sagt: „Siehe, der Mensch ist geworden wie einer von uns, zu erkennen Gutes und Böses." Das Targum aber erklärt diese Worte so, dass abzutheilen und zu verstehen wäre: „(Einer), von sich (selbst) zu erkennen Gutes und Böses" [1]), d. h.: „Der Mensch steht einzig in der Welt da, d. h. als Wesen einer Art, dem keine andere gleich ist, so dass sie diese ihm zu Theil gewordene Eigenschaft gemeinschaftlich mit ihm besässe. Und was ist dies? Dass er durch sich selbst das Gute und Böse erkennt und thut welches von beiden er will, ohne durch irgend etwas daran verhindert zu werden. Wenn dies nun aber so ist, so könnte er wohl gar seine Hand ausstrecken und von diesem Baume (d. B. des Lebens) nehmen und davon essen und ewig leben."

Da dies nun nothwendig in dem Wesen des Menschen gegeben ist, nämlich dass er nach seiner freien Wahl, wann er will, das Gute oder das Böse thut, so müssen ihm die Wege des Guten gelehrt, Gebote und Verbote gegeben, Strafe und Lohn zugetheilt werden, was alles eine Forderung der Gerechtigkeit ist. Auch muss er

---

1) Pred. 1, 9; Aboda S. 54*b*; Gen. 3, 22. Die Worte des Targum lauten: הָא אָדָם הֲוָה יְחִידִי בְּעָלְמָא מָנֵיהּ לְמִידַע טַב וּבִישׁ. Ueber das Ganze s. Excurs III.

sich an gute Handlungen gewöhnen, damit die (entsprechenden) Tugenden sich in ihm festsetzen, und böse Handlungen meiden, damit die (entsprechenden) Fehler, wenn sie sich bereits in ihm festgesetzt haben, wiederum von ihm weichen. Er darf auch nicht sagen, es habe sich in ihm eine Handlungsweise festgesetzt, die sich nicht mehr ändern lasse; denn jede Handlungsweise lässt sich ändern, sowohl durch Wendung vom Guten zum Schlechten, als durch Wendung vom Schlechten zum Guten; und er selbst hat die freie Entscheidung darüber. Zur Bestätigung dieses Satzes und seinetwegen ist alles das beigebracht worden, was wir von gesetzmässiger und gesetzwidriger Thätigkeit gesagt haben.

Es bleibt uns nun hinsichtlich dieses Satzes noch ein Punkt zu erörtern übrig. Es kommen nämlich einige Schriftstellen vor, in welchen man irriger Weise den Gedanken findet, dass Gott die gesetzwidrige Thätigkeit vorher bestimme und (die Menschen) dazu zwinge. Das ist aber falsch. Wir wollen sie darum erklären; denn man hat über sie viel Grundloses geschwatzt. Eine dieser Stellen ist der Ausspruch Gottes an Abraham: „Sie werden sie knechten und unterdrücken" [1]). Da siehst du, sagt man, wie Er vorher bestimmt hat, dass die Aegypter die Nachkommen Abrahams bedrücken sollten; weshalb strafte er jene also, da sie doch mit unabänderlicher Nothwendigkeit diese knechten mussten, wie Gott es vorherbestimmt hatte? Die Antwort darauf ist: es verhält sich hiermit, wie wenn Gott gesagt hätte, dass unter denen, die in der Zukunft geboren werden sollen, gesetzwidrig und gesetzmässig Handelnde,

---

1) Gen. 15, 13.

Tugendhafte und Lasterhafte sein werden; — dies ist wahr, aber doch wäre durch diesen (göttlichen) Ausspruch der und der Lasterhafte nicht genöthigt gewesen, durchaus ein Lasterhafter, und der und der Tugendhafte nicht, durchaus ein Tugendhafter zu sein, sondern wenn irgend einer von ihnen lasterhaft ist, so ist dies sein freier Wille, und wollte er tugendhaft sein, so würde er es sofort sein, ohne dass etwas ihn daran hinderte; ebenso würde jeder Tugendhafte, wenn er wollte, lasterhaft sein, nichts würde ihn daran hindern. Denn der (göttl.) Ausspruch geht nicht auf diese oder jene Person, so dass diese sagen könnte, es sei für sie das vorherbestimmt, sondern er geht auf das Allgemeine, jeder Einzelne hingegen bleibt in seiner Willensfreiheit, wie er es ursprünglich von Natur ist. So hätte auch jedem Einzelnen von den Aegyptern, die jene (die Israeliten) bedrückten und ungerecht behandelten, wenn er sie nicht hätte bedrücken wollen, dies ohne Weiteres freigestanden, da ja nicht vorherbestimmt war, dass jeder Einzelne Bedrückung üben solle. — Diese Antwort ist ganz dieselbe wie die (auf eine Frage) hinsichtlich des göttlichen Ausspruchs: „Siehe, du wirst bei deinen Vätern ruhen, und aufstehen wird dieses Volk und nachbuhlen den Göttern der Fremden des Landes" u. s. w. [1]). Dies ist nämlich nichts anderes als wenn Gott gesagt hätte: Wer Götzendienst treiben wird, gegen den werden wir (so und so) handeln und verfahren; denn gesetzt, es hätte niemals einen Uebertreter (des Verbotes des Götzendienstes) gegeben, so wäre dann die Strafandrohung und wären ebenso auch

---

1) Deut. 31, 16.

alle Flüche völlig gegenstands- und wirkungslos gewesen. In gleicher Weise verhält es sich mit den im Gesetze bestimmten Strafen. Wir dürfen nicht, weil in der Thora die Strafe der Steinigung ausgesprochen ist, sagen, dass der, welcher den Sabbath entweiht hat, zu dieser Entweihung gezwungen gewesen sei. So sind auch jene Flüche kein Grund für uns, zu sagen, dass die, welche Götzendienst getrieben haben und von diesen Flüchen getroffen worden sind, durch göttlichen Beschluss zum Götzendienste bestimmt gewesen seien, sondern jeder, der Götzendienst trieb, that es nach seinem freien Entschlusse, und darum traf ihn die Strafe. „Ja, sie erwählten" heisst es „ihre Wege" u. s. w. „So will auch ich erwählen ihre Missgeschicke"¹) u. s. w. — Was aber jenes göttliche Wort betrifft: „Ich werde das Herz Pharaos verstocken", und dass er ihn dann doch strafte und zu Grunde gehen liess, so ist darüber Manches zu sagen und es ergiebt sich daraus ein wichtiger Fundamentalsatz. Erwäge daher, was ich über diesen Punkt sagen werde, wende darauf deine Aufmerksamkeit, halte es mit den Aeusserungen aller derer zusammen, die darüber gesprochen haben, und wähle dir dann selbst das Beste aus. Wenn nämlich Pharao und sein Gefolge nichts anderes verschuldet hätten, als dass sie die Israeliten nicht frei gaben, so wäre die Sache zweifelsohne schwierig; denn erst hätte Gott jene abgehalten diese freizugeben, wie er sagt: „Denn ich habe verstockt sein Herz und das Herz seiner Diener"²) u. s. w., dann von Pharao verlangt, sie freizugeben, während dieser gezwungen war, sie

---

1) Deut.—Jes. 66, 3 u. 4.   2) Ex. 10, 1.

nicht freizugeben, darauf ihn gestraft, weil er sie nicht
freigegeben hatte, und ihn und sein Gefolge untergehen
lassen. Dies wäre eine Ungerechtigkeit und allem dem,
was früher gesagt worden, geradezu entgegengesetzt.
Aber der Sachverhalt ist ganz entschieden nicht so,
sondern Pharao und sein Gefolge sündigten aus eigenem
freien Willen, ohne Nöthigung oder Zwang, indem sie
die Fremdlinge, die sich unter ihnen befanden, bedrückten und reine Ungerechtigkeit an ihnen verübten, wie
es ausdrücklich heisst: „Und er sprach zu seinem Volke:
Siehe, das Volk der Kinder Israel ist zahlreicher und
stärker als wir. Wohlan, lasset uns dasselbe überlisten" [1]).
Dies thaten sie aus eigenem freien Willen und nach
eigenem bösen Rathschluss, ohne dazu irgendwie gezwungen zu sein. Die Strafe nun, welche Gott ihnen
dafür auferlegte, bestand darin, dass er sie von der
Bekehrung abhielt, auf dass sie dann von derjenigen
Strafe betroffen würden, hinsichtlich deren die göttliche
Gerechtigkeit bestimmt hatte, dass gerade dies ihre
Strafe sein sollte. Dass sie aber von der Bekehrung
abgehalten wurden, lief darauf hinaus, dass Pharao die
Israeliten nicht (willig) freigab. Und das hat ihm Gott
auch deutlich gesagt und ihm kund gethan, dass, wenn
es Ihm blos darum zu thun gewesen wäre, die Israeliten aus dem Lande zu führen, Er ihn und sein Gefolge vernichtet hätte, worauf jene dann frei hätten
ausziehen können; aber Er wollte, indem er jene her-
ausführte, zugleich ihn für die vorher an denselben
verübte Bedrückung bestrafen, wie es gleich Anfangs
heisst: „Und auch das Volk, dem sie dienen werden,

---

1) Exod. 1, 10.

werde ich richten" ¹). Ihre Bestrafung aber war nicht möglich, wenn sie sich bekehrten; deswegen wurden sie von der Bekehrung abgehalten, und so hielten sie die Israeliten bei sich zurück, wie das göttliche Wort lautet: „Denn bereits hatte ich meine Hand ausgestreckt" u. s. w. „Jedoch deswegen habe ich dich bestehen lassen" ²) u. s. w. Wir machen uns aber keiner Ungereimtheit schuldig, indem wir behaupten, dass Gott den Menschen bisweilen damit straft, dass dieser sich nicht bekehrt und Er ihm hinsichtlich der Bekehrung keinen freien Willen lässt. Denn Gott kennt die Sünder, und seine Weisheit und Gerechtigkeit bestimmen das Mass der Strafe; so bestraft er bald nur in dieser Welt, bald nur in jener Welt, bald auch in allen beiden. Ferner ist seine Strafe in dieser Welt von verschiedenen Arten: er straft am Körper, oder am Vermögen, oder auch an allen beiden. Und sowie er zur Strafe einige der willkührlichen Thätigkeitsäusserungen des Menschen aufhebt, z. B. seine Hand unfähig macht zuzugreifen, wie er es bei Jerobeam that ³), oder sein Auge, zu sehen, wie bei den Sodomitern ⁴), welche sich gegen Lot zusammengeschaart hatten: so hebt er in ihm auch die Fähigkeit auf, sich aus freiem Willen zu bekehren, so dass er durchaus keine Willensregung dazu empfindet und in seinen Sünden untergeht. Wir haben aber nicht nöthig, mit Gottes Weisheit bis zu dem Grade bekannt zu sein, dass wir wüssten, weshalb er gerade diese Art der Strafe und nicht die und die andere angewendet hat, ebensowenig als wir wissen, welches die Ursache ist,

---

1) Gen. 15, 14. 2) Exod. 9, 15 u. 16.
3) 1 Kön. 13, 4. 4) Gen. 19, 11.

die es bewirkt, dass diese Art von Dingen diese Gestalt und nicht eine andere hat; sondern was im Allgemeinen feststeht, ist, dass alle seine Wege gerecht sind, dass er den Sünder nach dem Masse seiner Sünden bestraft und den Guten nach dem Masse seiner guten Handlungen belohnt. Fragst du aber, weshalb Gott dann von ihm (Pharao) zu wiederholten Malen verlangt hat, Israel freizugeben, da ihm dies doch unmöglich war, — indem er trotz der ihn betreffenden Plagen bei seinem hartnäckigen Widerstande blieb, was, wie wir gesagt haben, eben seine Strafe war, — und doch nicht zweckloser Weise etwas von ihm hätte gefordert werden sollen, was er nicht thun konnte: so wisse, dass auch dies aus einer weisen Absicht Gottes des Allerhöchsten geschah, um ihn zu lehren, dass, wenn Gott seinen freien Willen aufheben wolle, er dies auch wirklich ausführe. Er sagte also zu ihm (durch Mose): „Ich verlange von dir, sie freizugeben, und wenn du sie jetzt freigiebst, bist du gerettet; aber du wirst sie nicht freigeben, so dass du untergehest." Er hätte nun Gnade zu üben gehabt, um das Gegentheil von der Behauptung des Propheten (Mose), dass ihm dies unmöglich sei, durch die That zu beweisen, aber er vermochte es nicht. Hierin lag ein grosses, für alle Menschen — wie es heisst: „damit man meinen Namen rühme auf der ganzen Erde"[1]) — offenkundiges Wunderzeichen, dass Gott (nämlich) den Menschen bisweilen dadurch straft, dass er es ihm unmöglich macht, kraft seiner Willensfreiheit irgend etwas zu thun, während der Mensch selbst dies weiss, dabei aber doch nicht

---

1) Exod. 9, 16.

im Stande ist, seine Seele auch nur versuchsweise dieser Gebundenheit zu entziehen und zu jener Willensfreiheit zurückzuführen [1]).

Ganz auf dieselbe Weise erfolgte die Strafe Sichons, des Königs von Chesbon. Denn für seinen frühern Ungehorsam, zu dem er nicht gezwungen war, strafte ihn Gott dadurch, dass er es ihm unmöglich machte, den Israeliten zu willfahren, so dass sie ihn tödteten, wie es heisst: „Und Sichon, König von Chesbon, wollte uns nicht durch sein Land ziehen lassen" u. s. w. [2]). Was diese Stelle für alle Ausleger so schwierig machte, war der Umstand, dass sie meinten, Sichon sei deshalb gestraft worden, weil er die Israeliten nicht durch sein Land habe ziehen lassen. Daher sagten sie: Wie konnte

---

1) Die hier von M. behandelte Frage über „das Verhärten des Herzens Pharao's" u. s. w. hat den Commentatoren der betreffenden Stellen viele Schwierigkeit gemacht und oft zu den gesuchtesten Erklärungen Veranlassung gegeben. Am einfachsten und sachgemässesten erscheint uns Philippson's Auffassung der Sache. Er sagt (s. seinen Commentar z. St.): „Die Ausdrücke הכבדתי, אקשה ff. sind durchaus nicht metaphysisch zu urgiren, sondern es wird hier (nach biblischer Weise) eine Thatsache stricte auf Gott als ursächliches Moment zurückgeführt, und es soll nur angedeutet werden, dass die Weigerung Ph.'s im Plane Gottes und mit den Zwecken Gottes übereinstimmend geschah, weil nämlich Gott hierbei in einer steigenden Reihe von wunderbaren Geschehnissen die Gemüther der Israeliten zur Offenbarung vorbereiten, ihnen und den Aegyptern die Vorstellung von Gottes allmächtiger Wunderkraft nahe bringen wollte. Weil nun hierbei der Zweck Gottes der etwaigen Frage: warum Gott nicht mit einer wundersamen Aeusserung sofort den Auszug der Israeliten bewirkte? gegenüber auseinandergesetzt werden soll, so wird seine Activität auch auf die Seelenzustände Ph.'s, aus denen die hartnäckige Weigerung hervorging, ausgedehnt." — Maimuni's Behandlung der Frage, die sich ganz auf metaphysischem und ethischem Boden bewegt, hat — wie gezwungen uns auch die Lösung derselben vorkommen muss — doch das Verdienst, dass auch hierbei die Willensfreiheit des Menschen aufs Stärkste betont und das zeitweilig eingetretene Unvermögen, von ihr Gebrauch zu machen, eben nur als Strafe für vorangegangene Bosheit dargestellt wird. Wir haben also auch hier an keine **Praedestination**, sondern einfach an einen Act der göttlichen Gerechtigkeit, die dem Sünder die verdiente Strafe zu Theil werden lässt, zu denken. — Dasselbe gilt auch in Betreff der anderen von Maim. angeführten Fälle.

2) Deut. 2, 30.

Die natürliche Beschaffenheit des Menschen

Gott ihn strafen, da er doch gezwungen war (also zu handeln)? sowie sie auch meinten, Pharao und sein Gefolge seien deshalb gestraft worden, weil er Israel nicht freigegeben habe. Die Sache verhält sich aber durchaus so, wie wir dargelegt haben, dass nämlich die Bestrafung Pharaos und seines Gefolges nach dem Willen Gottes ihrer früher (gegen Israel) geübten Bedrückung galt und darin bestand, dass sie sich nicht bekehrten, um dann von allen jenen Plagen betroffen zu werden; ferner dass Sichons Bestrafung den früher von ihm in seinem Reiche verübten Bedrückungen oder Ungerechtigkeiten galt und darin bestand, dass es ihm unmöglich gemacht wurde, den Israeliten zu willfahren, um dann von ihnen getödtet zu werden. — Und so hat Gott auch durch Jesaja kund gethan, dass er einige Ungehorsame dadurch strafe, dass er ihnen die Bekehrung unmöglich mache und ihnen hinsichtlich derselben keine Willensfreiheit lasse, wie es heisst: „Verstockt bleibe das Herz dieses Volkes und seine Ohren schwer und seine Augen stumpf (dass es nicht sehe mit seinen Augen und höre mit seinen Ohren und sein Herz nicht einsehe) und sich bekehre und wieder genese" [1]). Das ist ein sonnenklarer Ausspruch, der keiner Deutung bedarf, aber den Schlüssel zu vielen (noch uneröffneten) Schlössern bildet.

Auf diesem Grundsatze beruhen auch die Worte Elia's — Heil über ihn! — von den Ungläubigen seiner Zeit: „Und du hast ihr Herz rückwärts gewendet" [2]), d. h.

---

1) Jes. 6, 10. Genauer übersetzt: „verstocke" u. s. w.
2) 1 Kön. 18, 37. Die Stelle ist von M. anders gefasst, als der Wortsinn zu ergeben scheint. In der Ausgabe der isr. Bibelanstalt lautet die Übersetzung: „und so wendest du ihr Herz herum." Raschi jedoch erklärt in Übereinstimmung mit Maimon.'s Auffassung: נתת להם מקום לסור מאחריך ובידך היה להכין לבבם אליך und der Biur, auf Maimonides hinweisend, erklärt: מניעת מהם התשובה לרוב פשעם כדי שיקבלו עונשם.

nachdem sie nach ihrem eigenen Willen gesündigt, hast du sie dadurch bestraft, dass du ihr Herz von dem Wege der Bekehrung abwandtest und ihnen nicht die Fähigkeit liessest, durch Selbstbestimmung und eigenen Willen sich dieses Ungehorsams zu entschlagen, und deswegen sind sie dann in ihrem Unglauben geblieben, wie es heisst: „Gebunden an die Götzenbilder ist Efraim; überlasse ihn sich selbst" [1])! d. i. er hat sich mit den Götzenbildern befreundet aus eigenem freien Willen; die Strafe aber für die Liebe zu ihnen soll sein, dass er in der Liebe zu ihnen belassen wird. Das ist der Sinn der Worte: „überlasse ihn sich selbst!" Wer für feine Gedanken Verständniss hat, wird diese Auslegung ganz ausgezeichnet finden. Was aber Jesaja's Worte betrifft: „Warum lässest du, Ewiger, uns abirren von deinen Wegen, verstockst unser Herz gegen die Furcht vor dir" [2])? so liegen sie ausserhalb dieser ganzen Gedankensphäre und hängen damit durchaus nicht zusammen. Der Sinn dieser Worte ist nach dem Vorhergehenden und Folgenden durchaus dieser: er (der Prophet) klagt über das Exil, unser Leben in der Fremde, unsere weite Entfernung von der Heimath und die Uebermacht der Völker über uns, und so ruft er fürbittend aus: o Herr, wenn sie (die Israeliten) diesen Zustand der Uebermacht der Ungläubigen sehen, so irren sie von den Wegen der Wahrheit ab und ihr Herz weicht von der Furcht vor dir, und so ist es dann, als wärest du derjenige, welcher diesen Thoren zur Aufgebung der Wahrheit Veranlassung giebt, wie unser Lehrer Mose sagt [3]): „Es werden sprechen die Völker alle, die deinen

---

1) Hosea 4, 17. Wörtlich blos: „lass ihn".
2) Deutero—Jes. 63, 17.   3) Num. 14, 15 u. 16.

Ruf hören: aus Unvermögen" u. s. w. Deshalb sagt er (Jesaja) darauf: „Kehre zurück um deiner Diener, um der Stämme deines Besitzes willen" d. h. auf dass nicht eine Entweihung des göttlichen Namens eintrete. So stellt auch der Prophet in den „zwölf (kleinen) Propheten" die Rede derer dar, die, nachdem sie der Wahrheit gefolgt waren, von den Völkern in der Zeit des Exils unterjocht wurden, indem er sie so sprechend einführt: „Jeder, der Böses thut, ist gut in den Augen Gottes und an ihnen hat er Wohlgefallen, oder: wo ist der Gott des Rechtes"[1])? Und so führt er auch uns selbst wegen der Trübsal des Exils so sprechend ein: „Ihr sprechet: vergeblich ist es, Gott zu dienen, und was nutzt es, dass wir beobachteten seine Vorschriften und dass wir zerknirscht umhergingen vor dem Herrn der Heerschaaren? Und nun preisen wir glücklich die Uebermüthigen, ja aufgebaut sind die, so Frevel üben" u. s. w.[2]). Hierauf aber spricht er bestimmt aus, dass Gott in Zukunft die Wahrheit offenbaren werde: „Ihr werdet", sagt er, „euch bekehren und sehen den Unterschied zwischen dem Frommen und dem Frevler" u. s. w.[3]).

Dies sind die dunkeln Verse in der Thora und den Propheten, die zu der irrigen Meinung Veranlassung geben, dass Gott (die Menschen) zu den gesetzwidrigen Handlungen nöthige. Wir haben ihren Sinn nun in zweifelloser Weise erklärt, und diese Erklärung zeigt sich beim angestrengtesten Nachdenken als richtig. Wir bleiben bei unsern Grundbehauptungen, dass die gesetzmässige und die gesetzwidrige Handlungsweise in des Menschen Hand liegen, dass er in seinen Handlungen

---

1) Mal. 2, 17.   2) Mal. 3, 14, 15.   3) Mal. 3, 18.

freie Wahl hat und thun und lassen kann was ihm beliebt, es müsste ihn denn Gott wegen einer von ihm begangenen Sünde dadurch strafen, dass er — wie wir dargethan — seinen freien Willen aufhebt; ferner dass es in seiner Macht steht, sich Tugenden anzueignen, und er deshalb, um dies zu bewerkstelligen, sich um seiner selbst willen beeifern und anstrengen muss, da er keinen ausser ihm liegenden Antrieb hat, der ihn zur Aneignung jener Tugenden bewegen könnte; wie die Weisen in den Sittensprüchen dieses Tractates sagen: „Wenn ich nicht selbst für mich sorge, wer sollte es denn thun" [1])?

Es ist nun von diesem Gegenstande nur noch ein Punkt übrig, über den einige wenige Worte zu sagen sind, um den Gegenstand dieses Capitels vollständig zu behandeln. Obgleich ich denselben durchaus nicht zur Sprache bringen wollte, so treibt mich doch die Nothwendigkeit dazu. Dieser Punkt ist das **Wissen Gottes von den seienden und werdenden Dingen**; denn dies ist das Argument, womit derjenige gegen uns streitet, welcher meint, dass der Mensch zur gesetzmässigen und gesetzwidrigen Handlungsweise gezwungen sei und bei keiner seiner Handlungen sich nach eigenem Willen entscheiden könne, da seine Willensentscheidung von der Gottes abhänge. Der Grund zu diesem Glauben aber liegt darin, dass er sagt: „Wusste Gott, dass dieser bestimmte Mensch gut oder

---

1) Diesen bedeutungsvollen Ausspruch Hillels (Abot I, 14) erklärt Maim. in seinem Commentar, wo er auf das hier Geäusserte zurückweist, in demselben Sinne, dass nämlich der Mensch aus freiem Willen und aus eigener Kraft die Tugend erstreben solle, da Niemand sonst es für ihn thun könne (אִם אֵין אֲנִי לִי מִי לִי‎ —). Bekanntlich reiht Hillel daran auch die Mahnung, in echter Menschenliebe das Seinige zum Heile Anderer beizutragen und das Gute bald zu thun.

schlecht sein wird, oder wusste er es nicht? Sagst du: er wusste es, so folgt daraus entweder, dass der Mensch zu jener Handlungsweise, die Gott vorher kannte, gezwungen war, oder dass Gottes Wissen kein wahres Wissen ist; sagst du aber, Gott habe es nicht vorhergewusst, so folgen daraus gewaltige Ungereimtheiten und mehr als eine Mauer stürzt dadurch ein".

Höre also, was ich sagen werde, und überlege es wohl; es ist ohne Zweifel die Wahrheit. Es steht nämlich in der Wissenschaft vom Göttlichen, d. i. in der Metaphysik, als erwiesen da, dass Gott der Allerhöchste nicht wissend ist durch irgend ein Wissen und nicht lebend durch irgend ein Leben, so dass er und das Wissen zwei (verschiedene) Dinge wären, wie der Mensch und sein Wissen; denn der Mensch ist etwas anderes als das Wissen und das Wissen etwas anderes als der Mensch, und darum sind sie zwei (verschiedene) Dinge. Wäre aber Gott wissend durch irgend ein Wissen, so würde daraus eine Mehrheit folgen und der urewigen Dinge wären mehrere: Gott und das Wissen, durch welches er weiss, und das Leben, durch welches er lebt, und die Macht, durch welche er mächtig ist, und so hinsichtlich aller seiner Eigenschaften [1]). Ich habe

---

1) In dieser Rücksicht stimmt Maim. in der Auffassung der göttlichen Attribute vollkommen mit den Mu'tazeliten überein. Sie lehren nämlich in gleicher Weise wie M., dass die Attribute nichts zu dem Wesen Gottes Hinzukommendes (زايدة على ذاته) sind, da sonst eine Mehrheit in Gott statuirt und damit seiner absoluten Einheit widersprochen würde. Es sei vielmehr Alles, was von Gott prädicirt wird, in seinem Wesen selbst schon enthalten und durch sein Wesen selbst gegeben. So sagen sie: هو عالم لذاته قادر لذاته حى لذاته لا بعلم وقدرة وحيوة und man kann daher von Gott nur das Mächtigsein (قادرية), Wissendsein (عالميّة) u. s. w., nicht aber die Macht (قدرة) oder das Wissen (علم) prädiciren. Vgl. hierüber Pocock, *Specimen historiae Arabum*, p. 217 ff., Sörensen's Mevâkif, p. 29 ff., Sale Uebers. des Koran (deutsch v. Ar-

dir hiermit nur ein leicht verständliches Argument, das auch die grosse Menge zu fassen vermag, angeführt; sonst giebt es auch noch andere Argumente und Beweise, welche dies (die oben erwähnte Ansicht) widerlegen, und zwar sind diese von grosser Kraft und Evidenz. So steht es fest, dass Gott mit seinen Eigenschaften identisch ist und ebenso seine Eigenschaften mit ihm selbst identisch sind, so dass man von ihm sagen kann, er sei das Wissen und zugleich der Inhaber und der Gegenstand des Wissens, er sei das Leben und zugleich der Lebende und der sein Wesen, das Leben, (den Geschöpfen) Mittheilende, und ebenso hinsichtlich der übrigen Eigenschaften. Aber dies sind schwer fassliche Sätze, die du nicht hoffen darfst durch zwei oder drei Zeilen meiner Abhandlung vollkommen begreifen zu lernen; es soll dir nur einfach Kunde davon gegeben werden.

Nach diesem hochwichtigen Grundsatze erlaubt die hebräische Sprache nicht zu sagen: Che Adonai (beim Leben Gottes), wie man sagt: Che naphschecha (beim Leben deiner Seele), Che Pharao (beim Leben Pharao's), d. h. mit Nominal-Annexion, indem das Annectirte und das, dem es annectirt ist, zwei verschiedene Dinge sind, nicht aber etwas mit sich selbst in Annexion gesetzt werden kann. Da hingegen das Leben Gottes sein Wesen und sein Wesen sein Leben,

---

nold) in der vorläufigen Einleitung p. 199 ff. und Schahrastani's Religionspartheien, deutsch v. Haarbrücker p. 42. Maim. spricht über diesen Punkt noch „Führer" I, C. 53 und 57 und Jesode ha-Tora II, 10. — In welcher Hinsicht er sich betreffs der göttlichen Attribute von den Mu'tazeliten unterscheidet, siehe bei Munk a. a. O. p. 209 u. 232. Vgl. auch Kaufmann Attributenlehre. Über die völlige Leugnung der göttlichen Attribute (التعطيل) und den, oft auch als Freigeist bezeichneten, Leugner (المعطل) s. Munk, le guide I, 115. Vgl. auch Delitzsch—Steinschneider Ez Chajim, S. 308.

nicht etwas anderes, von ihm Verschiedenes ist, so setzt
man es nicht in den status constructus, sondern sagt:
Chai Adonai (beim lebendigen Gott), wodurch
also ausgedrückt wird, dass er und sein Leben Eins sind [1]).

Es steht in der Metaphysik [2]) ferner als erwiesen fest,
dass es unserm Verstande nicht möglich ist, das Wesen
Gottes vollkommen zu begreifen, und zwar wegen der
Vollkommenheit seines Wesens und der Mangelhaftig-
keit unseres Verstandes, und weil es keine Mittel giebt,
durch welche sein Wesen erkannt werden könnte;
ferner dass das Unvermögen unseres Verstandes, das-

---

1) Hierüber handelt Maim. auch „Führer" I, im 68. Capitel. Dort heisst es
gleich am Anfange in vollster Uebereinstimmung mit unserer Stelle: קד עלמת
שהרה הדה אלקולה אלתי קאלתהא אלפלאספה פי אללה תעאלי והו קולהם
אנה אלעקל ואלעאקל ואלמעקול ואן הדה אלהלהה מעאני פיה תעאלי
הי מעני ואחד לא תכתיר פיה וקד דכרנא נחן דלך איצא פי האליפנא
אלכביד אד הדה קאעדה שריעתנא כמא בינא הנאך אעני כונה ואחדא פקט
ולא יצאף אליה שי אכד אעני אן לא יכון הם שי קדים גירדה ולדלך
יקאל חי י"י ולא יקאל הי י"י לאן לים חיאתה שיא גיר דאתה. Siehe
Munk's Übersetzung S. 301 ff. und in Betreff des Satzes von der absoluten Identität
des Denkens, des Denkenden und des Gedachten in Gott daselbst Anmerkung 4. Vergl. auch Hegel, Geschichte der Philosophie, II, 330 ff. und Schahrastani a. a. O. S. 255. Die Stelle in seinem **Jad**, auf die Maim. hier hinweist,
ist Jesode ha-Tora II, 10.

Hinsichtlich des „Lebens Gottes" sagt auch Spinoza, ganz übereinstimmend mit
unserem Autor: *„Vis, qua Deus in suo esse perseverat, nihil est praeter ejus essentiam; unde optime loquuntur, qui Deum vitam vocant. Nec desunt theologi qui
sentiant* (hiermit meint er sicherlich vor Allen unsern Maimuni), *Iudaeos hac de
causa, nempe quod Deus sit vita et a vita non distinguatur, quum jurabant, dixisse:*
חי י"י *vivus Jehova, non vero* חי י"י *vita Jehovae; at Joseph quum per vitam
Pharaonis jurabat, dicebat:* חי פרעה *vita Pharaonis.*" Cogit. Metaph. II, 4,
§. 3. — Für die Richtigkeit der Ansicht Maim.'s sprechen drei Bibelstellen, wo
beide Ausdrücke neben einander vorkommen, nämlich 1 Sam. 20, 3; 25, 26 und
2 Kön. 2, 2, und es immer heisst: חי י"י וחי נפשך.

2) S. Aristotel. Metaph. XII, 9, wo er sagt, dass der menschlichen Erkenntniss
nur eine relative Vollkommenheit zugeschrieben werden kann, während das göttliche Denken, das sich selbst als das Beste zum Gegenstande hat, absolute
Vollkommenheit besitzt.

selbe zu erfassen, dem Unvermögen des Augenlichtes gleicht, das Sonnenlicht zu erfassen; denn dies kommt auch nicht von der Schwäche des Sonnenlichtes, sondern im Gegentheil davon her, dass dieses Licht stärker ist als dasjenige, von welchem es erfasst werden soll. Es ist dieser Punkt von Vielen besprochen worden, und alles dies sind offenkundige Wahrheiten. Hieraus folgt nun aber, dass wir auch das Wissen Gottes nicht erkennen und es in keiner Weise zu begreifen vermögen, indem Er sein Wissen und sein Wissen Er ist (beide identisch sind) [1]). Dies ist eine vorzügliche, tiefe Wahrheit, aber gerade diese entging ihnen [2]), und so starben sie (in Unkenntniss darüber) dahin. Sie wussten nämlich wohl, dass das Wesen Gottes, so vollkommen wie es ist, nicht begriffen werden könne, strebten aber darnach, sein Wissen so zu erfassen, dass es ihrem Verstande begreiflich würde; dies aber ist unmöglich. Denn wenn wir sein Wissen begriffen, würden wir auch sein Wesen begreifen, da sie beide Eins und Dasselbe sind.

---

1) Hinsichtlich dieser Identität siehe seine Aeusserung im „Führer" (Munk's Ausgabe I, 301), die im Wesentlichen mit den arabischen Philosophen, besonders Ibn Sînâ, und auch mit anderen jüdischen Religionsphilosophen übereinstimmt. Vgl. Scharastâni (deutsch v. Haarbrüker) II, 255 ff. — Den Vergleich mit dem Auge und dem Sonnenlichte benutzt Maimonides auch im „Führer" (s. Munk a. a. O. I, 252) und Munk weist auch auf Bachja ibn Pakuda's „Pflichten des Herzens" (hebr. חובת הלבבות — arab. ist nur der Titel كتاب الهداية الى فرائض القلوب bekannt, der Text noch nicht herausgegeben —), wo im ersten Capitel „über Gottes Einheit" (S. 43b in der Ausgabe von Fürstenthal) etwas Aehnliches vorkommt. Von Alfarâbî wird gleichfalls angeführt: „die menschliche Vernunft kann durch ihre Unvollkommenheit nicht (vollkommen) das erste Existirende oder den Schöpfer begreifen, wie ja auch das Auge von dem Sonnenlichte geblendet wird."
S. Steinschneider, Alfarâbî, Seite 70. — So kann auch nur eine relativ sittliche Vollkommenheit, nicht aber eine absolute Vollkommenheit im Guten, wie Gott sie besitzt, von dem Menschen erlangt, nur als höchstes Ideal nach Möglichkeit erstrebt werden. S. m. „Philonische Philosophie" S. 48.

2) Nämlich denen, welche die Frage in Betreff des Wissens Gottes von zukünftigen Dingen aufwarfen. — غريب und عاجيب sind hier frei übersetzt: sie bedeuten eigentlich „seltsam", „aussergewöhnlich" und „erstaunlich", „wunderbar".

Denn die vollkommene Erkenntniss Gottes besteht darin, dass er erfasst wird wie er in seinem Wesen ist: in dem Wissen, der Macht, dem Willen, dem Leben und seinen anderen herrlichen Eigenschaften. — Hiermit haben wir gezeigt, dass das Nachdenken, um Gottes Wissen zu begreifen, reine Thorheit ist; nur das wissen wir, dass er w i s s e n d ist, ebenso wie wir wissen, dass er i s t. Wenn man uns daher fragt, wie sein Wissen beschaffen sei, so antworten wir, dass wir dies nicht begreifen, wie wir auch sein Wesen nicht vollkommen begreifen können. Und so wird auch gegen den, der sein Wissen zu begreifen sucht, Missbilligung ausgesprochen durch die Worte: „Den Grund Gottes willst du ausfinden, oder bis zur Vollkommenheit des Allmächtigen hingelangen" [1]?

Aus allem dem, was wir gesagt haben, hat sich also ergeben, dass die Handlungen des Menschen ihm überlassen sind und es ihm freisteht, tugendhaft oder lasterhaft zu sein, ohne dass er von Seiten Gottes irgendwie zu einer dieser beiden Handlungsweisen gezwungen würde; und dass hieraus auch die Nothwendigkeit der Pflichtanweisung, des Unterrichtes, des Treffens von Vorkehrungsmassregeln, sowie der Belohnung und Bestrafung hervorgeht. In allem diesem liegt keine Schwierigkeit. Was aber die Beschaffenheit von Gottes Wissen und die Art, wie er Alles erkennt, betrifft, so ist, wie wir dargelegt, unser Verstand unfähig das zu begreifen.

Dies ist Alles, was wir in diesem Abschnitte zu entwickeln beabsichtigten, und es ist nun Zeit für mich, hier zu schliessen.

---

1) Job 11, 7. — Siehe über das Ganze den Excurs V.

EXCURSE.

I.

Was die Mutakallimûn (hebr. מדברים, und so auch öfter in philosophischen Schriften: Medabberim) betrifft, deren irrige Ansicht über diesen Punkt M. hier erwähnt und gegen welche er in seinem „Führer" Th. I, Cap. 73, prop. 10 (siehe Munk, Guide des égarés, p. 400 flg.) ausführlicher polemisirt, so sind darunter die muhammedanischen Philosophen (Scholastiker) zu verstehen, die über die Worte und Grunddogmen des Kurân's wissenschaftliche Untersuchungen anstellten, die man mit dem Namen علم الكلام (eig. Wissenschaft der Rede) bezeichnete. (Ursprünglich bedeutet كَلَام „Rede", im Gegensatz zu شِعْر „Poesie" auch „prosaische Rede". S. Fleischer, zu Rückerts Grammatik, ZDMG. 32, 249). Ibn Khaldûn (bei de Sacy, Chrest. arabe I, p. 467) definirt diese Wissenschaft folgendermassen:

علم الكلام هو علم يتضمّن لِلحِجاج عن العقائد الايمانيّة بالادلّة العقليّة

„die Wissenschaft des Kalâm ist eine solche, welche die Mittel darbietet, die Glaubenssätze durch Vernunft-Argumente zu vertheidigen". Hiermit übereinstimmend sagt Falaquera im More ha-More ed. Presburg p. 152: מי שחוקר דברי הדת ומביא אמיתתם מצד חקירת המציאות נקרא אצלם מְתַכְּלֵּם (nicht מתכלום, wie oft unrichtig gedruckt ist). — Unser Maim. ist ein entschiedener Gegner dieser Scholastiker und kämpft bei jeder passenden Gelegenheit gegen ihren Standpunkt an. Er tadelt häufig auch ihren Wortschwall, ihre bilderreichen, aber inhaltslosen und sophistischen Reden (vergl. vor Allem „Führer" I, 51, bei Munk, S. 187), und daher kam wohl der Name „Wortphilosophen", den man in verächtlichem Sinne ihnen beilegte. — Innerhalb des Islâm fanden die Mutakallim's besonders an den Mystikern heftige Gegner, die, mit liebender Hingebung und dichterischer Gluth in das Göttliche sich versenkend, mit Widerwillen und Verachtung auf ihre kalten Verstandes-Operationen herabblickten, wie uns folgende Worte eines sufischen Dichters (von Fleischer in Gersdorf's Repertorium, Jahrg. 1848, S. 86 angeführt) beweisen:

„Erhaben ist die heil'ge Einheit Seines Wesens
„Hoch über der Verstandeszirkler eitlem Streben;
„Wie? In das Spinnennetz der webenden Gedanken
„Soll jener ew'ge Phönix sich gefangen geben?"

Jedoch thut man ihnen wohl Unrecht, wenn man ihnen alle Bedeutung abspricht und in ihrem Kalâm nichts weiter als leeres Gerede und Sophisterei sieht. — Unrichtig ist es gleichfalls علم الكلام als die Wissenschaft zu nehmen, wie über einen Gegenstand zu disputiren sei; كلام kommt allerdings häufig in der Bedeutung von „Disput, Discussion" vor und auch in unserer Abhandlung wird es von M. an einigen Stellen so gebraucht; doch die Wissenschaft (Kunst) des Disputirens heisst علم الجدل; siehe Beidhavii Comment. in Coran. ed. Fleischer I, p. 71. — Ausführlicheres über den Kalâm und die Mutakallimûn siehe bei Haarbrücker, Schahrastâni's Religionspartheien II, S. 388 ff. Vergl. auch Munk a. a. O. S. 335, Anm. 2 und S. Horovitz in ZDMG. 57, 177 ff.

Hinsichtlich der Einbildungskraft ist noch zu bemerken, dass Maim. sie auch den meisten Thieren zuschreibt. Er spricht hierüber „Führer" I, Cap. 73 (p. 114b der Munk'schen Ausgabe) folgendermassen: אעלם יא איהא אלנאטׄר פי הדׄה אלמקאלה אנך אן כנת ממן עלם אלנפס וקואהא ותחקק כל שי עלי חקיקה וגודה פקד עלמת אן אלכׄיאל מוגוד לאכׄתׄר אלחיואנאת, אמא אלחיואן אלכאמל כלה אעני אלדׄי לה קלב פאן וגוד אלכׄיאל לה בין ואן אלאנסאן לם יתמיז באלכׄיאל Vergl. die ganze Stelle (franz. Theil S. 407), wo er auch von dem Unterschiede der Thätigkeit der Einbildungskraft und der der Vernunft ausführlich handelt.

II.

Wie hier der Denker Maimonides sich in Übereinstimmung mit dem frommen Dichter über die den Geist erleuchtende, das ganze Menschendasein heiligende und das Herz erquickende Lehre ausspricht, so haben auch über die hohe und ewige Bedeutung der Bibel Autoritäten auf biblischem Gebiete in Worten sich geäussert, die gerade in unserer Zeit besondere Erwähnung verdienen.

Franz Delitzsch (in s. Comm. z. Gen. S. 56 ff.) sagt: „man vergleiche die alttestamentliche Litteratur mit den Litteraturen des heidnischen Orients, unter welchen sie an schlichter Nüchternheit, an kindlicher Objectivität, an reiner Sittlichkeit, un universalem Umblick und gemeinschaftlichem Interesse nicht ihres Gleichen hat, so wird man erkennen, dass hier eine andere Macht waltet, als die Naturmacht des Heidenthums. Die Litteratur Israels ist ein Wunder der Gnade. Sie ist die Litteratur der Erlösung vom Banne des Naturprincips, die Litteratur des Geistes."

B. Stade (in d. Einl. zur „Gesch. d. Volk. Isr.") erklärt: „unser heutiges Denken und Fühlen, unser Thun und Treiben wird bei weitem mehr beeinflusst von der Gedanken- und Gefühlswelt, welche Israel erzeugt hat, als von der Roms und Griechenlands. Und zwar ist Israels Religion in weit höherem Masse noch die werdende Religion der Menschheit schlechthin als die Philosophie der Griechen deren werdende Philosophie. Es ist Israel ohne Zweifel viel epochemachender, einzigartiger, gewaltiger aufgetreten, als auf dem Gebiete des Staates die Römer, auf dem Gebiete der Kunst und Philosophie die Griechen."

Und Cornill schliesst sein hervorragendes Werk: der israel. Prophetismus, mit den Worten ab: „die Geschichte der gesammten Menschheit hat nichts hervorgebracht, was sich auch nur entfernt mit dem israelitischen Prophetismus vergleichen liesse: durch seinen Prophetismus ist Israel der Prophet der Menschheit geworden. Möchte das doch niemals übersehen und vergessen werden: das Köstlichste und Edelste, was die Menschheit besitzt, sie verdankt es Israel und dem Israelitischen Prophetismus."

Mit gleicher Wärme und Begeisterung spricht er auch in seinem vortrefflichen Vortrage: die Psalmen in der Weltlitteratur, über diese gotterfüllten Gesänge, diese herzerhebende „lyrische Anthologie" (wie de Wette sie nennt).

Und kein Geringerer als der Dichterfürst Goethe spricht sich in demselben Geiste aus! „Jene grosse Verehrung, sagt er, welche der Bibel von vielen Völkern und Geschlechtern der Erde gewidmet worden, verdankt sie ihrem innern Werth. Sie ist nicht etwa nur ein Volksbuch, sondern das Buch der Völker, weil sie das Schicksal eines Volkes zum Symbol aller übrigen aufstellt. — Und was den Inhalt betrifft, so wäre nur wenig hinzuzufügen, um ihn bis auf den heutigen Tag vollständig zu machen." (Farbenlehre S. 94, Hempels Ausgabe).

Diese Würdigung der Bibel gilt natürlich besonders den ewigen Wahrheiten und den hohen ethischen Lehren, durch welche ihre Bedeutung für die Menschheit nie aufhören wird, während gesetzliche Bestimmungen, die aus obwaltenden Verhältnissen hervorgingen und einzig und allein auf diese Bezug hatten, von jedem Bibelkenner als zeitliche erkannt und beurtheilt werden müssen. Dass aber auch in ihnen dem klar denkenden, vorurtheilslosen Beobachter höhere Ideen und ein humaner Geist deutlich sich kundgeben (wie z. B. betreffs des Agrar- und Armenwesens, der Dienstverhältnisse, überhaupt der Achtung der Menschenwürde), darf von keinem Wahrheitsliebenden verschwiegen werden.

In Bezug auf das Deuteronomium äussert sich der bekannte Gelehrte und Bibelkritiker Wellhausen wesentlich in derselben Weise; er sagt: „das sociale Interesse wird dem Cultus übergeordnet, indem den Opfern und Bräuchen, soweit nur immer möglich, humane Zwecke beigelegt werden, die ihnen freilich schon von Haus aus nicht fern lagen. Das alles sind Zeichen prophetischer Gesinnung. Nirgend klarer als in den Motiven des Deuteronomiums findet sich der Grundgedanke der Prophetie ausgesprochen, dass Jahve nichts für sich haben wolle, sondern als Frömmigkeit ansehe und verlange, dass der Mensch dem Menschen leiste, was recht ist, dass sein Wille nicht in unbekannter Höhe und Ferne liege, sondern in der Allen bekannten und verständlichen sittlichen Sphäre." (Isr. u. jüd. Gesch. 133 ff.). Hierzu führt er die herrlichen Worte (Deut. 30, 11—15) an, deren letztes לעשותו er „so dass du sie (die Sache) thun kannst" übersetzt (statt: „um es (d. Wort) zu erfüllen oder auf dass du es erfüllest": das geheiligte Herz soll im Thun sich bewähren. Hierbei muss ich mir die Bemerkung gestatten, dass der Ausdruck: „Jahve wolle nichts für sich haben" mir etwas — sit venia verbo — profan erscheint. — Besser lauten doch jedenfalls die Worte in Job (35, 7). Bei dieser Gelegenheit erinnere ich auch an die Kurân-Stelle (Sur. 29, 5): اِنَّ اللّٰهَ لَغَنِىٌّ عَنِ الْعَالَمِينَ, zu der Baidâwî (Comm. in Coranum ed. Fleischer II, 92) erklärend hinzufügt, dass „Gott des Gehorsams der Menschen nicht bedarf, dass er jedoch nur aus Barmherzigkeit gegen sie und aus Fürsorge für ihr Heil die Gottesverehrung ihnen zur Pflicht gemacht hat" (وَاِنَّمَا كَلَّفَ عِبَادَهُ رَحْمَةً عَلَيْهِمْ وَمُرَاعَاةً لِصَلَاحِهِمْ).

Dies erinnert auch an das in rabbinischen Schriften (wie auch, zur Erweckung wahrer Frömmigkeit, im Gebete) häufig angewandte Prophetenwort (Deuter.-Jesaj. 42, 21) ה' חפץ למען צדקו וגו', was Raschi erklärt: להראותכם ולפקוח אזניכם למען צדקו ולכך הוא מגדיל ומאדיר לכם תורה.

III.

Maim. kämpft hier gegen jede Art von Praedestination, Fatalismus und

Determinismus an. Er mag hinsichtlich des letzteren besonders die muhammedanische Secte der Ascha'ariten (الاشاعرة) im Auge gehabt haben, gegen deren Ansichten von der Vorherbestimmung Gottes er ausdrücklich „Führer" III, 17 polemisirt. Sie glauben nämlich, dass Alles, was der Mensch thut und leidet, alle seine Handlungen und Bestrebungen n o t h w e n d i g eintreten müssen, weil Gott e vorherbestimmt habe. „Gottes Wille, sagen sie, ist ein einiger, ewiger, der sich auf alles Gewollte von seinen speciell bestimmten Handlungen und den Handlungen seiner Geschöpfe bezieht, insofern sie (die Handlungen) von ihm geschaffen sind, nicht insofern sie von ihnen angeeignet sind. Er will Alles, das Gute und das Böse, das Nützliche und das Schädliche derselben; und wie er will und weiss, will er von den Menschen das, was er weiss.... und das ist sein Urtheil und seine Bestimmung und sein Rathschluss, welcher nicht verändert und vertauscht wird." (Siehe Haarbrücker Schahrastâni's Religionspartheien I, S. 102). Maim. sagt daher ganz richtig (a. a. O. Scheyer's Ausgabe S. 97; s. das ganze Capitel bei Munk, le guide, und seine Anmerkungen): ויתחייב מזה הדעת שיהיה ענין התורות בלתי מועיל כלל, אחר שהאדם אשר לו נתנה כל התורה לא יוכל לעשות דבר לא לקיים מה שצווה בו ולא להזהר ממה שהוזהר ממנו.

Dieser Ansicht der Ascha'ariten, wie überhaupt der muhammedanischen Orthodoxie, tritt auch die Secte der Mu'taziliten (المعتزلة) entgegen. Ihr Gründer Wâszil Ibn-'Atâ († 749 der christl. Zeitr.) lehrt: „Gott ist weise und gerecht und man kann mit ihm nicht Böses und Ungerechtigkeit zusammenbringen und es ist deshalb unmöglich, dass er von den Menschen das Gegentheil von dem, was er befohlen, wolle und dass er etwas über sie festsetze, nachher aber ihnen deswegen vergelte; der Mensch ist es vielmehr, der beim Guten und Bösen, Glauben und Unglauben, Gehorsam und Ungehorsam thätig ist und daher wird ihm für sein Thun vergolten; der Herr hat ihm über dies Alles das Vermögen zugestanden. Es ist unmöglich, dass dem Menschen das Thun anbefohlen wird, er aber nicht die Möglichkeit zum Thun habe, er findet vielmehr in sich selbst das Vermögen und das Thun; wer das leugnet, der leugnet das, was durch die Nothwendigkeit gegeben ist." Siehe Schahrastâni a. a. O. S. 45 ff. Die Mu'tazila haben wegen dieser Lehre von der Willensfreiheit des Menschen auch den Beinamen Kadarija (von قَدَر, was zwar eigentlich gerade: „Beschluss und Vorherbestimmung Gottes" bedeutet, jedoch deshalb dieser Secte, wie Haarbrücker a. a. O. S. 387 vermuthet, den Namen gegeben haben mag, weil sie zuerst und allein das K a d a r zum Gegenstande ihrer Untersuchung und Forschung machten). Sie selbst wollen diesen Namer nicht anerkennen, weil er von orthodoxer Seite als Schimpf betrachtet und der traditionelle Ausspruch Muhammed's gegen sie angeführt wurde: „die Kadarija sind die Magier dieser Gemeinde". Es liegt jedenfalls etwas Richtiges in ihrer (in den Mevâkif ed. Sörensen p. 334 angeführten) Behauptung: „Derjenige, welcher das K a d a r im Guten wie im Bösen Gott zutheilt, verdient den Namen K a d a r î j a eher als wir und zwar deshalb, weil Der, welcher das Kadar annimmt, richtiger danach bezeichnet wird, als Derjenige, welcher es leugnet." Sie nennen sich wegen ihrer Lehre von der absoluten Einheit und Gerechtigkeit Gottes Anhänger der Gerechtigkeit und des Einheitsbekenntnisses (اصحاب العدل والتوحيد). Siehe Haarbrücker a. a. O. S. 387. Munk a. a. O. S. 337.

IV.

Maim. kommt auf die hier ausgesprochene Ansicht in seinem Commentar zu

Abot (V, 6) noch einmal zurück und zwar mit folgenden (von Munk l. l. I, 296 im arab. Original nebst Übersetzung mitgetheilten) Worten: קד דֿכרת לך פי אלפצֿל אלתֿאמן אנהם לא יעתקדון בחדות אלמשיהֿ פי כל חין בל פי אול עמל אלאשיא גֿעל פי טביעתהא אן ינעמל פיהא כל מא אנעמל, סוי אן אלשי אלדֿי אנעמל אכתֿרי והו אלאמר אלטביעי או כאן פי אלנאדר והי אלמעֹנוֹה.

Der ganze Unterschied zwischen den „natürlichen" Dingen und den „Wundern" liegt demnach nur in dem öfteren oder seltneren Eintreten der nach unabänderlichen Gesetzen von Urbeginn an in dem grossen Weltenplane bestimmten Erscheinungen. Die wunderbaren Erscheinungen haben somit ihre natürliche Stelle in dem Causal-Nexus, der nach dem göttlichen Willen in der Welt herrscht und schon bei dem Schöpfungswerke für alle Zeiten von Gott festgestellt wurde. Diese Ansicht der Rabbinen, die Maim. hier zu der seinigen macht, finden wir auch in folgender Stelle des Midrasch ausgesprochen: א״ר יוחנן תנאין התנה הקב״ה עם הים שיהא נקרע לפני ישראל הה״ד (Exod. 14, 27) וישב הים לפנות בקר לאיתנו, לתנאין שהתנה עמו. א״ר ירמיה בן אלעזר לא עם הים בלבד התנה הקב״ה אלא עם כל מה שנברא בששת ימי בראשית,

Und auf diese „Bedingungen", wie die bei der Schöpfung gehegten und in dem Weltganzen sich verwirklichenden göttlichen Absichten bildlich bezeichnet werden, werden dann verschiedene wunderbare Ereignisse in der Geschichte Israels zurückgeführt. Siehe die ganze Stelle Midr. R. Genesis C. 5. Vgl. auch Mendelssohn's Bemerkungen über diesen Punkt in seinen „Betrachtungen über Bonnet's Palingenesie" (Gesamm. Schriften, III, 147 ff.). Diese Auffassung der Wunder gründet sich auf die richtige Erkenntniss von der Vollkommenheit der göttlichen Weisheit, die in dem vom ihr einmal bestimmten Gange der Welt und der für alle Zeit festgesetzten Ordnung, nach welcher alle Erscheinungen in der Natur ins Leben treten sollen, nicht zu besondern Zeiten eine Veränderung vornehmen könne, welche die schöne Harmonie des Ganzen störte; alle diese scheinbaren Abweichungen von dem regelmässigen Verlaufe der Dinge in der Natur müssen daher von vornherein in dem Plane der göttlichen Vorsehung gelegen haben und denselben Gesetzen unterworfen sein, nach denen das ganze kosmische Leben bestimmt ist und in ungestörter Ordnung sich erhält. Wäre dies nicht der Fall, so würde das auch eine Veränderlichkeit in dem Wesen Gottes selbst involviren, da ja Gott dann erst im Laufe der Zeit gewisse Phänomene, die ursprünglich nicht in seinem Rathschlusse gelegen haben, eintreten zu lassen beschlossen und somit in seinem Willen sich geändert hätte. Der göttliche Wille ist aber ewig derselbe und es widerspräche durchaus der absoluten Vollkommenheit Gottes, bei ihm in irgend einem Punkte eine Veränderung anzunehmen. Er hat von Ewigkeit her Alles bestimmt und was auch immer durch seine schaffende Kraft hervorgebracht wird — diese Kraft aber äussert sich in jedem Augenblicke: ohne die ewig wirkende und in jedem Zeitpunkte von Neuem in der Welt thätige Gotteskraft ist der Bestand dieser unmöglich — das hat von Urbeginn an in seinem Willen gelegen, nicht aber ist es einem in jedem Zeitpunkte neuen Willensacte (חדות אלמשיהֿ פי כל חין) Gottes zuzuschreiben. — Wir finden diese Gedanken im Wesentlichen bei Spinoza wieder. Er sagt *(Princ. philos. Cart. I, prop. 20)*: *Deus omnia ab aeterno praeordinavit* und beweist dies in folgenden Worten: *Quum Deus sit aeternus, erit ejus intelligentia aeterna, quia ad ejus aeternam essentiam pertinet. Atqui ejus intellectus ab ejus voluntate sive decreto in re non differt. Ergo quum dicimus, Deum ab aeterno res intellexisse, simul dicimus, eum ab aeterno res ita voluisse sive decrevisse.* Ferner *(Cogit. metaph. I, 3, §. 9)* hinsichtlich des Möglichen und Zufälligen, das blos auf einem Mangel in unserer Erkenntnisse beruhe: *Si quis autem id ipsum negare velit, illi suus error nullo negotio demonstratur. Si enim ad naturam attendat, et quomodo ipsa a Deo dependet, nullum contingens in rebus esse reperiet, hoc est, quod ex parte rei possit existere, et non existere, sive, ut vulgo dicitur, contingens reale sit; quod facile apparet ex eo, quod (ax. 10. part. 1. princ. phil.) docuimus, tantam scilicet vim requiri ad rem creandam, quam ad ipsam conservandam. Quare nulla res creata propria vi aliquid facit, eodem modo ac nulla res creata sua propria vi incepit existere. Ex quo sequitur, nihil fieri, nisi vi causae omnia creantis, scilicet Dei, qui suo concursu singulis momentis omnia procreat. Quum autem nihil fiat nisi a sola divina potentia, facile est videre, ea quae fiunt, vi decreti Dei ejusque voluntatis fieri. At quum in Deo nulla sit inconstantia nec mutatio, illa, quae jam producit, se producturum ab aeterno decrevisse debuit; quumque nihil magis necessarium sit ut existat, quam quod Deus exstiturum decrevit, sequitur, necessitatem existendi in omnibus rebus creatis ab aeterno fuisse.* Ausführlicher handelt er über diesen Punkt im ersten Theile seiner Ethik, wo es **Propos.** 29 heisst: *In rerum natura nullum datur contingens, sed omnia ex necessitate divinae naturae determinata sunt ad certo modo existendum et operandum,* und **Propos.** 33: *Res nullo alio modo neque alio ordine a Deo produci potuerunt, quam productae sunt.* Siehe die Beweise und Scholien hierzu, besonders die Scholien 1 und 2 zu letzterem.

Was die Wunder anbetrifft, so sucht er zu beweisen, dass Nichts wider die — wie wir oben gesehen, ganz von dem Willen Gottes abhängende — Natur geschehe, sondern dass dieselbe eine ewige, feste und unveränderliche Ordnung beobachte, und dass wir aus den Wundern weder die Wesenheit, noch die Existenz und daher auch nicht die Vorsehung Gottes erkennen können, sondern dies Alles sich weit besser aus der festen und unveränderlichen Ordnung der Natur erkennen lasse. Das Wort „Wunder" kann nach seiner Ansicht blos respective der Meinungen der Menschen verstanden werden und nichts Anderes bedeuten als „ein Werk, dessen natürliche Ursache wir nicht durch ein Beispiel irgend einer andern gewöhnlichen Sache erklären können oder wenigstens der selber es nicht kann, der ein Wunder beschreibt oder erzählt." Siehe seinen Tractat. theol.-polit. C. VI. Vgl. hierzu seine Briefe 21 und 23. — Zeller (Gesch. d. deutsch. Philos. S. 193) bemerkt betreffs der Wunder nach Leibniz' Theorie von der prästabilirten Harmonie: „wenn sie von Anfang an im Weltplan vorgesehen sind, so sind sie Erfolge, die in der Welt, sowie sie nun einmal ist, an diesem Orte eintreten mussten; sie sind durch den ganzen Weltlauf vorbereitet, sind Glieder einer Kette, die gerade nach Leibniz einen ganz festgeschlossenen Zusammenhang von Ursache und Wirkungen darstellt, sie haben einen hinreichenden Grund in allem Vorangegangenen und tragen in ihrem Theile dazu bei, alles Folgende zu begründen. Was aber mit Nothwendigkeit eintritt, was im Naturzusammenhang begründet, im Weltlauf präformirt ist, ist kein Wunder, sondern ein Naturereigniss, es kann nicht aus dem Eingreifen einer ausserweltlichen Ursache in den Naturlauf, sondern nur aus den natürlichen Ursachen und deren Gesetzen erklärt werden." — Siehe auch die geistvolle Auseinandersetzung Lazarus' über עוֹלָם כְּמִנְהֲגוֹ נוֹהֵג in seiner „Ethik d. Judenth." I, S. 242 u. vgl. auch Anhang N°. 34.

V.

Die hier von M. versuchte Lösung der alten, vielfach von Theologen und Religionsphilosophen besprochenen Frage: wie sich die menschliche Freiheit mit der Allwissenheit (dem Vorherwissen) Gottes vereinigen lasse? kann uns, wie trefflich und tief durchdacht auch einzelne hierbei von ihm gemachte Bemerkungen sind, nicht befriedigend erscheinen, weil die Frage eigentlich offen gelassen und nur das constatirt wird, dass wir das Wissen Gottes nicht zu begreifen vermögen.

Unser Autor kommt auch in seinen späteren Schriften, wo er die Frage wesentlich in derselben Weise behandelt (siehe **Hilchoth Teschuba** V, 4—5, und „Führer" III, 20), zu keinem anderen als diesem negativen Resultat und wird aus diesem Grunde an ersterer Stelle von seinem heftigen Gegner R. Abraham b. David (Rabad) aus Posquieres in dessen Hassagoth aufs Bitterste getadelt, dass er überhaupt diesen Punkt zur Sprache gebracht.

Ganz befriedigend ist auch — bei richtigem Grundgedanken — die Art nicht, wie (vor Maimûnî) Sa'adja diese Frage zu lösen gesucht hatte. Er sagt nämlich: (in Emunot we-Deot IV, 12; Landauer's arab. Ausg. p. 154 sequ.) „der wegen Gottes Allwissenheit gegen die Willensfreiheit des Menschen Einwand Erhebende hat keinen Beweis, dass das Wissen Gottes von den Dingen zugleich (bewirkende)

Ursache ihres Seins ist (لو كان علم الله بالشيءٍ هو سبب كون الشيءٍ).

Denn wäre das Wissen von einem Dinge so dass es die (bewirkende) Ursache seines Seins ausmachte, so müssten die Dinge ohne Anfang sein, weil das Wissen Gottes von ihnen ohne Anfang ist, und ebenso auch ohne Ende, da sein Wissen von ihnen kein Ende hat. Wir aber denken, dass Gott die Dinge in der Wirklichkeit ihres Seins weiss und ihm im Voraus bekannt ist, was er von ihnen in die Erscheinung treten lassen und so auch was der Mensch (vermöge seiner Freiheit) wählen wird

(وما كان منها ممّا يختاره الانسان فقد علم بان الانسان سيختاره).

„Sagt nun Jemand: wenn Gott (z. B.) weiss, dass dieser Mensch sprechen wird, wie kann er dann (aus Freiheit) schweigen? so sprechen wir klar den Gedanken aus: wenn der Mensch anstatt zu sprechen (aus Freiheit) schweigt, so hätten wir als den ersten Satz hinstellen müssen, dass Gott dieses Menschen Schweigen weiss, nicht aber war es geziemend, zu behaupten, dass er sein Reden weiss. Denn Gottes Wissen hat das Werden des menschlichen Thuns, wie es durch den Gedanken frei erzeugt wird, zum Gegenstande (لانّه انّما يعلم الحاصل من فعل

الانسان الواقع بعد كلّ تدبير منه). Und Gott kennt den Gedanken, wie es in

der Schrift heisst. (Das انّما bei Landauer scheint mir zweifelhaft zu sein, aber auch in meiner (ZDMG. 1879, 695 besprochenen) Abschrift des Oxforder Codex steht es; in der hebr. Übersetzung findet sich jedoch kein ähnliches Wort).

Dieses Wissen des Gedankens und des daraus hervorgehenden Handelns ist aber nicht die nothwendig bewirkende Ursache ihres Seins, sondern dies erzeugt sich frei, ob auch ganz so, wie es gewusst worden.

Hierin liegt in der That ein wichtiges Moment zur Lösung der Schwierigkeit. Wesentlich von diesem Gesichtspunkte aus betrachtet auch Mendelssohn die Frage und sagt sehr richtig: „Das Vorhersehen Gottes ändert nichts in den freien Entschliessungen vernünftiger Geschöpfe, ob es gleich mit der vollkommensten Gewissheit von Ewigkeit her Alles umfasst, wozu sich diese in alle Zukunft entschliessen und nicht entschliessen werden." Philippson (s. Isr. Religionslehre II, 99), der hiermit ganz übereinstimmt, weist darauf hin, wie auch der Mensch Handlungen von Menschen, deren Verhältnisse, Character und Ansichten er genau kennt, wohl voraus wissen kann, ohne dass hiermit diesen Menschen die Freiheit ihrer Handlungen beschränkt ist; es sei daher völlig begreiflich, dass „das vollkommene Wissen Gottes die freien Entschliessungen der Menschen vollständig voraus wisse, ohne dass sie aufhören, freie Entschliessungen zu sein." Wir können mit diesem Argumente vollkommen einverstanden sein und wollen nur noch die Bemerkung hinzufügen, dass wir es mit Wegscheider (s. *Institutiones theologiae* p. 279), ohne jedoch darin, wie er, die Lösung der Frage zu sehen, für besser halten, von Gott statt des Ausdruckes „Vorherwissen" den angemessenern „Wissen" zu gebrauchen, weil ja dem ewig Seienden und über das Zeitliche absolut Erhabenen in jedem Momente Alles gegenwärtig ist und daher bei ihm nicht gut von einem Vorher oder einem Nachher gesprochen werden kann. So sagt schon Augustin (in der bei Wegscheider angeführten Stelle): „*Quid est praescientia nisi scientia futurorum? Quid autem futurum est Deo, qui omnia supergreditur tempora? Si enim scientia Dei res ipsas habet, non sunt ei futurae, sed praesentes, ac per hoc non iam praescientia, sed tantum scientia dici potest*".

Zum Schlusse können wir das hier Bemerkte in dem Einen Worte der Weisen (Abot III, 1) zusammenfassen: הכל צפוי והרשות נתונה „Alles wird von Gott geschaut, dennoch aber ist dem Menschen **Freiheit** gegeben". Zu diesem Ausspruche R. Akibas bemerkt Maimonides in seinem Commentar (s. Ibn Tibbon's Übersetzung) Folgendes לא תחשוב שבהיותו יודע המעשים יתחייב ההכרח כלומר שיהיה האדם מוכרח במעשיו על מעשה מן המעשים אין הענין כן אבל הרשות ביד האדם במה שיעשה, also, wie er selbst sagt, in wesentlicher Übereinstimmung mit dem im achten Capitel Dargestellten. — Obadia Bartinoro erklärt הרשות נתונה einfach durch Hinweis auf das Bibelwort Deut. 30, 15 ff. und Lippman Heller tritt in seiner ausfuhrlichen Erklärung dem oben erwähnten Angriffe auf Maimonides seitens des Rabad entschieden entgegen.

Auf diesen Punkt kommt Maimonides, wie schon erwähnt im „Führer" III, C. 20 zurück, wo er sagt, dass das Wissen Gottes an der Natur des nur Möglichen Nichts ändere und ungeachtet des göttlichen Wissens, das aber nicht dem menschlichen gleich sei, das Thun des Menschen nur der eignen Entschliessung desselben anheimfalle. Zum Schluss wendet er die Worte Deutero-Jesajas 55, 8 an. (S. die ganze Stelle bei Munk und vgl. auch Ibn Daud's Emuna Rama II, 6 (Seite 95).

ZUSÄTZE.

VERBESSERUNGEN DES POCOCK'SCHEN TEXTES NEBST PROF. FLEISCHERS SPRACHLICHEN BEMERKUNGEN.

Seite 1, letzte Z. des arab. Textes. אלאגתדא statt الاغتدى אלאגתדי statt الاغتداء. (Ueber die richtige Form غدا statt der vulgären غدى ist schon in den Anmerkungen gesprochen worden). Zu ى kommt hier das Final-ى statt ا, wie später אקתני אקתני statt اقتنى אקתנא statt اقتناء, تلقى תלקי statt تلقاء תלקא. Diese Verwechselung beruht auf der spätern Verwandlung jedes ةٌ مملوء in الف, d. h. dem Wegfall der nach â frei anlautenden Flexionsvocale mit dem sie einleitenden **Spiritus lenis,** wodurch das â an das Ende des Wortes zu stehen kommt, ebendadurch aber, wie jede rein vocalische Länge am Wortende aus einem un verkürzbaren, durch die folgende Sylbe gedeckten, zu einem durch Synalöphe verkürzbaren wird. Hierdurch springt zugleich der Accent so weit als möglich zurück; aus iḵtinâ", iḵtinâⁱ, iḵtinâª wird íḵtinā, aus tilḵâª, min tilḵâⁱ wird tílḵā, min tílḵā. Auf diesem Standpunkte war es dann, von etymologischen Gründen abgesehen, gleichgültig, ob man اغتدا oder اغتدى schrieb.

S. 2, Z. 10. נפס אלאבד, bei Pocock mit einem Artikel zuviel אלנפס אלאבד. Dagegen fehlt bei ihm der Artikel vor dem zweiten אפעאל in der folgenden Zeile.

Z. 11. אנהמא, bei P. mit einem überflüssigen ן: ואנהמא.

Z. 13. אחדהא, bei P. dafür אחרהמא.

Z. 5 v. u. הֹלגّאדבה אלנّאדבה, vulg. st. הُלגّאדבّה אלנّאדבה.

Z. 4 v. u. ואלממיזה والمُمَيِّزة statt P.'s ואלמזיה, was er aber richtig mit „*distinctricem*" übersetzt.

S. 3, Z. 7. טُנוא ואוהמוא, bei P. weniger wahrscheinlich טֻנו או אוהמו „*vel putarunt, vel opinari fecerunt.*" — Das otiirende א am Ende des zweiten Wortes ist nur der Gleichmässigkeit wegen hinzugesetzt worden; es fehlt bei Maimonides nach hebräischer und altarabischer Weise oft.

Z. 5 v. u. אלקוה statt P.'s אלקוי القُوَى „*harum facultatum*". Es ist aber nur von dem Begehrungsvermögen die Rede; vgl. die folgende Zeile.

S. 4, Z. 15. אלאסתעדאד. Bei P. fehlt das letzte ד, aber er übersetzt richtig „*dispositio*".

S. 5. Z. 2. ובהרין. P.'s ובהרא steht wohl zunächst für ובהרה (vgl. die Bemerkung zu S. 15, Z. 7 v. u. und zu S. 31, Z. 14), nach dem spätern Sprachgebrauche, auf sächliche Duale, wie auf gebrochene Plurale den Singularis femin. der Pronomina und Adjectiva zu beziehen. Siehe **Berichte über die Verhand-**

lungen der phil.-histor. Classe der K. Sächs. Ges. der Wissensch., 8 Bd., 1856, S. 11 und S. 12. Doch haben wir הדִין geschrieben; vgl.
auch S. 5, Z. 12, الجزائِسْ دِيناكَ اَلْبْوايْن جَّيْناكَ.

S. 5, Z. 6. תרא, bei Pocock durch einen Druckfehler תכא.

Z. 7 v. u. הדה—הדה, bei P. הדא—הדא, wie in vulgären Schriften oft هذا für هذه oder هدى und umgekehrt steht, was sich leicht aus dem Zusammenfliessen beider Formen in der Aussprache erklärt. S. die Bemerk. zu S. 31, Z. 14.

S. 6, Z. 17. אלמלאים und מלאים, الْمَلائِم und مُلائِم (von لَئِمَ), zuträglich, während P. durch falsche Ableitung von لَم med. Waw „vitiosa" und „eorum quibus nihil inest vitii" übersetzt.

Z. 22. אלחמוצה statt P.'s אלחמצה.

S. 7, Z. 6. פינהנוחם. P.'s פינהנוחם ist entweder, wie hier geschehen, durch Einsetzung eines zweiten ה auf das vierbuchstabige نَهْنَهَ, oder durch Ausstossung des zweiten נ auf das dreibuchstabige نَهَى zurückzuführen.

Z. 14. פקאל, bei P. blos קאל. Wohl möglich, dass hier selbst sich die Nachlässigkeit der Neueren, das ف im Nachsatze von أَمَّا (أَمَّا جَوابُ genannt) auszulassen, erlaubt hat (s. *Epistola critica Nasifi ad de Sacyum ed. Mehren* p. 4). Zwar schreibt er richtig פוצפהם, aber ebenso wechselt z. B. Schahrastani ed. Cureton, S. יד׳, Z. 4 u. 3 v. u., mit Setzung und Nichtsetzung dieses ف ab.

S. 8, Z. 9. שרין, bei P. שרא. Mit Umwandlung des א in ין, wie oben in הדין für הדא (s. die Bemerk. zu S. 5, vorl. Z.) ist dafür das vulg. שרין statt שראן gesetzt worden, wie es z. B. S. 8, Z. 12 heisst: פהמא גמיעא רדילתין, Doch sei darauf hingewiesen, dass S. 21, Z. 4 v. u. statt חק כלאהמא bei P. ebenfalls חקא כלאהמא steht.

Z. 3. אחדראהמא, أَحَدَاهُمْ, bei P. אחדראהמא.

S. 8, Z. 17. אלתרנ, bei Poc. Druckfehler statt אלחרנ, الخرج, in der hier feststehenden neuern Bedeutung: Jähzorn, eig.: Beklemmung.

Z. 2 v. u. ist nach Forderung des Sinnes und nach Pocock's Uebersetzung כירא خَبَرًا hinzugefügt. Das ähnliche vorhergehende Wort mag dieses in Wegfall gebracht haben. Für הן bei Poc. war הי zu schreiben.

S. 9, Z. 6 v. u. ואלפעל, bei P. ohne ו. Z. 3 v. u. עליה, bei P. אליה.
S. 10, Z. 11 v. u. אנפסהם, bei P. ארפסהם, blosser Druckfehler, wie die Uebersetzung „animi sui" zeigt.

S. 11, Z. 8. ומנוא bei P. ויטנוא. Z. 14. ונחוחא, bei P. ונהוחא, Druckfehler. Z. 16. באנת, bei P. באכת, Druckfehler.

S. 12, Z. 11 v. u. האמת, bei P. אמת ohne Artikel; aber vgl. השלום Z. 12.
S. 13, Z. 6. אלנבאח, bei P. mit unzulässigem hebräischen Artikel הנבאח.

Aehnlich, אלנדאלה statt wie bei P. הלנדאלה.

Z. 5. חֲתִי, bei P. תַּחִי, Druckfehler.

Z. 9. מֶן, bei P. מִכֹּל gegen unsern Bibeltext. Ebenso Z. 5 v. u. תָּגוּר, bei P. תָגוּרוּ.

S. 14, Z. 2. זָאִידָא, bei P. זָאִיד. Dagegen später in derselben Verbindung זָאִידָא mit der hier erforderlichen Accusativendung.

Z. 11. אלמנאכח, اَلْمُنَاكِحْ, bei P. völlig unverständlich דמנבאח, اَلْمُنَبَّاحْ; seine Uebersetzung aber: „*ultra concubitus lege illicitos factos*" zeigt, dass er richtig אלמנאכח gelesen hat.

Z. 11. וִיקְצֹד, bei P. וִיקְצֵר, Druckfehler.

Z. 12. צָעְפָא, bei P. ohne Accusativendung צָעְף, was gerade hier sehr hart ist, weil dadurch حَتَّى لَا يَتَنَزَّيَدْ ضَعْفًا mit dem Accusativ على التمييز (s. Caspari, Grammat. arab. p. 186): „damit es (das Glied) nicht an Schwäche zunehme" scheinbar in das unpassende: حَتَّى لَا يَتَنَزَّيَدْ ضَعْفْ übergeht: „damit nicht zunehme irgend eine Schwäche."

Z. 3 v. u. אלנאקץ, bei P. אנאקץ.

S. 15, Z. 9. אَحْدَى אחדי, bei P. אחד.

Z. 12. היאת, هِيئَاتْ, Pluralis, bei P. היאה, wie der vorhergehende Singularis. — ואמא, bei P. ואנמא, was durchaus nicht passt.

S. 19, Z. 1. וְתֵעְטִימֻהֻם, bei P. ohne ו.

Z. 5. לים, bei P. ולים mit überflüssigem ו. Dagegen müsste פלים stehen, wenn מן nicht als مَوْصُول (derjenige welcher), sondern als شَرْطِي (wenn jemand) zu fassen wäre, so dass לים den Nachsatz bildete. (S. *Epistola critica Nasifi ad de Sacyum*, p. 81). Denn لَيْسَ ist ein فِعْلْ غَيْرْ مُتَصَرِّفْ *(verbum defectivum)*. Vgl. z. B. Beidhawii comment. in Coranum, I, S. 115, Z. 3 u. 4.

S. 20, Z. 12 statt ולפת war אَلْفَتْ zu schreiben.

Z. 13. התתאג, bei P. התאג, Druckfehler. חאלה, d. h. حَالُهْ, bei P. falsch חאל ohne zurückbeziehendes Suffixum. ושרחוא, bei P. ושלחוא, Druckfehler.

S. 20, Z. 1. יהואהא, bei P. mit einem überflüssigen י: יהויאהא. חק, bei P. חקא; s. die Bem. zu S. 8, Z. 19.

S. 21, Z. 4 v. u. ואלגצב, وَالْغَضَبْ bei P. falsch ואלנצב, وَالْغَصَبْ „*ira*". Das im Texte richtige אלגבן الغَبَنْ ist ebenfalls unrichtig durch „*metus*" übersetzt, als ob es אלגבן لِلْجُبْنْ hiesse. — יאסי, يَأْسَى, eine Vulgärform für يَسِي, von أَسَى statt أَسَا. S. die Bemerk. zu Anfang.

S. 23, Z. 11. ודלך, bei P. וכדלך. Umgekehrt ,וכדלך, bei P. ודלך.

Z. 12. נטקיה, bei P. אלנטקיה.

Z. 4. v. u. ואוכדהא, bei P. ואובדהא, وَاوْخُذْهَا. Aber die Uebersetzung „*et solidissimae*" entspricht dem richtigen وَأَوْكَدُهَا.

S. 24, Z. 7. תנקצה, bei P. mit einem ה zuviel: תנקצהה.

Zusätze 93

Z. 9. בְּלִקְוֹה, bei P. בַּלְדִוֹהּ. Druckfehler, wie die Uebersetzung „morale" zeigt.
Z. 17. נְבִי, bei P. nach hebr. Schreibart נָבִיא.
S. 25, Z. 3. סָארתהפעת, bei P. ארתהפעת. Das Final-ה des vorgehenden Wortes hat das zur Verbindung nöthige ס in Wegfall gebracht.

Z. 9. וְאלפצאיל, bei P. וְאלפצאל; אלאנסאני, bei P. אלאנסאנו, Druckfehler.
S. 26, Z. 8 v. u. אלי, bei P. יאל, Druckfehler.

Z. 4 v. u. תהרא, تَهْدَا, statt تُهْدَى, bei P. ganz verkehrt und mit einem falschen Punkte הֻהְרָא. Nach der Uebersetzung „excitetur" scheint er an ein Derivat von ثار med. Waw gedacht zu haben, wiewohl der letzte Buchstabe bei ihm deutlich ד ist.

S. 27, Z. 4. בסהולה ואן קצד בה אלשנאעה, bei P. falsch umgestellt: בה אלשנאעה בסהולה ואן קצד.

Z. 11. צחחתה صَحَّتَ, bei P. mit einem ח zu wenig צחתה.
Z. 15. או יעסר, bei P. ואי עסר.
Z. 9 v. u. וכאן, bei P. כאן; dagegen ist das vor כאן fehlende ו falsch vor אלאנסאן gekommen

S. 28, Z. 3 v. u. וְאזוֹנֻהא, wie bei P., d. h. وَأَزْوِجُهَا statt وَتَزَوُّجُهَا und dieses statt وَتَنْزَوَّجُهَا, wie Sur. 10, v. 25 وَأَزْيَنَتْ statt وَازَّيَّنَتْ.
S. 29, Z. 15. לא, bei P. לו. Man könnte auch לום lesen, so dass dieses, wie oft, nur ein flexionsloses verstärktes לא wäre.

Z. 3 v. u. ואמא, bei P. wieder, falsch ואנמא. Der Nachsatz von أَمَّا ist פהו קול צחיח.

S. 30, Z. 4. חנרא, حَاجَرٌ, hier als Femininum gebraucht, wie sonst das n. unit. حَاجَرَةٌ. — פהו fehlt bei P.; das ف muss aber hier, zur Einführung des nominalen Nachsatzes eines conditionellen Vordersatzes, durchaus stehen, wiewohl es auch, ohne das Pronomen, kürzer פקול צחיח heissen könnte.

S. 31, Z. 14. הרה, bei P. הרא; s. die Bemerk. zu S. 5, Z. 7 v. u.
Z. 7. Pocock hat dieser Stelle in der Uebersetzung dadurch die Spitze abgebrochen, dass er nicht beachtet hat, dass das Suffixum im מֶמנוּ einmal als 1. P. Plur., das andere Mal als 3. P. Sing. genommen und dieses „ab ipso" oder „ex ipso" zu לדעת טוב ורע gezogen ist.
Z. 6. v. u. נבינה, bei P. נבינא.

S. 32, Z. 8. אלאכבאר, d. h. الْأَخْبَار, nicht, wie P. gegen Sinn und Grammatik gelesen hat, الْأَخْبَار, „historiae".
Z. 5 v. u. אמא, bei P. אמה. Z. 4 v. u. עאקבה und פפיה, bei P. עאכבה und פמיה.

S. 34, Z. 4. ינזע, bei P. ינעע. Z. 4 v. u. עליהא, bei P. עליהא. Letzte Z. פטנתהם, فَطِنْتُهُمْ, bei P. בטנתהם.

S. 35, Z. 7. יקתלוה, bei P. יקתלונה mit ungrammatischer Indicativform.

Z. 11. זְלִי, bei P. זְלִיל, wahrscheinlich mit falscher Anziehung des Anfangsbuchst. des folgenden Wortes. Ein „erhabener" oder „imposanter" Ausspruch, نَصّ جَلِيل, ist hier weit weniger sinngemäss, als ein „klarer" نَصّ جَلِّي.

Z. 2 v. u. צַלְוָא صَلَّوا, bei P. טַלְוָא ظَلُّوا, nach der vulgären Verwechslung von ص und ظ.

Z. 11. וקאל, bei P. יקאל.

S. 37, Z. 11. אנה אלעלם והו אלעאלם והו אלמעלום, bei P. falsch umgestellt: אלעלם והו אלעאלם והו אנה אלמעלום.

S. 38, Z. 7. והי, bei P. והו. Z. 8 v. u. מוכולה, bei P. מכאלה, völlig unverständlich, wie man auch lese: مُكَالَة, oder (mit خ) مُخَالَة. — Sowohl dem Sprachgebrauche als auch dem Zusammenhange entspricht das hier aufgenommene מוכולה, von وَكَّل mit dem Accusat. der Sache und اِلى der Person: Jemandem etwas anheimstellen, anvertrauen, übergeben. — Indessen liegt es näher, mit blosser Umstellung des zweiten und dritten Buchstaben מכלאה مُخَلَّاة oder مُخَلًّى, von أَخْلَى oder خَلَّى, zu lesen, so dass אליה nach späterer Verwechslung von ل und الى statt לה stände. Aus dem Begriffe: einen Ort räumen, leer machen, leer lassen, so dass ein Anderer ihn nach Belieben einnehmen oder nicht einnehmen kann, entwickelt sich leicht die Bedeutung: etwas jemandem freistellen, so dass er es nach Belieben thun oder lassen kann.

BERICHTIGUNGEN [1]) UND NACHTRÄGE.

I. Im arabischen Text.

Seite 1 Zeile 2 v. u. lies נפס statt נפסן.
" 3, " 1 l. לאזם st. לאזם; ומאן st. זמאן.
" " " 8 v. u. l. ואלאותאר st. ואלאהאר.
" 4, " 10 v. u. l. נפס st. נפס.
" 6, " 3 v. u. l. שרוד st. שרור.
" 7, " 10 v. u. l. חכם st. הכם.
" 32, " 4 u. 5 sollte es nach dem verbum كان, als كان الناقصة gefasst,
der Regel gemäss (s. Caspari, grammat. arabica § 424) شَرِيراً und فَاضِلاً (im Accusativ) heissen. Vermuthlich hat jedoch Maim. den Nominativ angewandt, sei es, dass er hier, wie öfter, sich nicht streng an die altarabische Grammatik hielt, oder auch, dass er كان als كان التّامّة nahm (also: „ein Lasterhafter" „ein Tugendhafter", nicht: „lasterhaft" „tugendhaft" sein). Dasselbe gilt natürlich von den ähnlichen Verbindungen mit كان, wie auch von den sinnverwandten Verbis, den s. g. أَخَوات كان. Seite 37, Z. 2 u. 3 habe ich jedoch nach der Regel den Accusativ geschrieben.

II. In der Übersetzung und den Anmerkungen.

Seite 3, Zeile 8 v. u. l. gefunden st. findet.
" 21, " 2 v. u. l. Mechilta st. Mechilla.
" 41, " 12 l. ganzen st. ganzer.
" 42, " 4 v. u. sollte das Komma nach „Gute" stehen.
" 50, " 8 (d. Anm.) l. ברבר st. בדבר.
" 62, " 1 v. u. l. „r." st. „z."

Zu S. 25, Anm. 1. Die Stelle jer. Demai 26b lautet: ר' יוחנן אזל לחד אתר,
אשכח ספרא איינים, אמר להו מהו כן? אמרו ליה ציים, אמר ליה אסור לך
ומה אם מלאכתו של בשר ודם את אמר אסור, מלאכתו של הקב״ה לא
כל שכן.

(Der Unterricht der Jugend in der Gotteslehre ist ein gottgeheiligtes Werk und darf nicht durch Fasten gestört werden):

---

[1]) Unbedeutende Druckfehler, wie S. VII, Z. 4 v. u. Cordowa st. Cordova und S. 51, Anmk. 4 M statt M., wolle der Leser selbst gütigst verbessern.

Zu S. 28, Z. 7 v. u. Der Wortlaut ist: "כבד" כנגד "והי מאורות", אמר הקב"ה בריתי לך תרין נהורין אביך ואמך, הוי זהיר ביקריהון.

Zu S. VIII, Anmk. Erst kurz vor Beendigung des Druckes auf Steinschneider's neuestes Meisterwerk: „die arabische Litteratur der Juden" (Frankf. a/M. Kauffmann) aufmerksam gemacht, bedauerte ich, diese reiche Quelle zur Kenntniss des geistigen Lebens im Judenthum und zum Theil auch im Islâm bei meiner Arbeit nicht mehr benutzen zu können; ich gestatte mir nun, sie Anderen dringend zu empfehlen.

וקד תבין איצא פי מא בעד אלטביעה אנא לא טאקה פי עקולנא לתחיט בוגודה תעאלי עלי אלכמאל והדא לכמאל וגודה ונקצאן עקולנא וליס לוגודה אסבאב יעלם בהא ואן תקציר עקולנא ען אדראכה כתקציר נור אלבצר ען אדראך נור אלשמס פאן ליס דלך לצעף נור אלשמס בל לכון הדא אלנור אקוי מן אלנור אלדי יריד אן ידרכה, ותכלם פי הדא אלגרץ כתיר והי כלהא אקאויל צחיחה בינה, פילזם לדלך אן לא נעלם עלמה איצא ולא נחיט בה בוגה אד הו עלמה ועלמה הו, והדא אלמעני הו גריב עגיב והו אלדי פאתהם פהלכוא לאנהם עלמוא אן וגודה תעאלי עלי אלכמאל אלדי הו עליה לא ידרך וטלבוא אן ידרכוא עלמה חתי יקע תחת עקולהם והדא מא לא ימכן אד לו אחטנא בעלמה אחטנא בוגודה אד אלכל שי ואחד, לאן אדראכה עלי אלכמאל הו אן ידרך כמא הו פי וגודה מן אלעלם ואלקדרה ואלאראדה ואלחיאה וגיר דלך מן אוצאפה אלגמילה.

פקד בינא אן אלפכר פי אדראך עלמה גהל מחץ גיר אנא נעלם אנה יעלם כמא נעלם אנה מוגוד, פאדא סאלנא כיף הו עלמה קלנא אנא לא נדרך דלך כמא אנא לא נדרך וגודה עלי אלכמאל, וקד אנכר עלי מן ראם אדראך עלמה תעאלי וקיל לה החקר אלוה תמצא אם עד תכלית שדי תמצא.

פתחצל מן גמיע מא קלנאה אן אפעאל אלאנסאן מוכולה אליה ולה אן יכון פאצל או שריר מן גיר גבר מן אללה לה עלי אחדי אלחאלתין ולדלך לזם אלתכליף ואלתעלים ואלאסתעדאד ואלגזא ואלעקאב וליס פי דלך כלה אשכאל. אמא צפה עלמה תעאלי ואדראכה לגמיע אלאשיא פעקולנא תקצר ענה עלי מא בינא.

והדה גמלה מא קצדנא תחצילה פי הדא אלבאב וקד אן לי אן אקטע אלכלאם הנא.

ואלדי דעא להדא אלאעתקאד אנה יקול הדא אלשבֹך עלם
אללה הל יכון צאלחًא או טאלחًא או לם יעלם פאן קלת
עלם לזם אן יכון מגֹבורًא עלי תלך אלחאלה אלתי עלמהא
אללה מן קבל או יכון עלמה גיר עלם חקיקי ואן קלת
אנה לם יעלם דלך מן קבל לזמת שנאעארת עטֹימהֹ
ואנהדמת אסואר.

פאסמע מנّי מא אקולה ותאמלה גדאً אנה אלחק בלא
שך ודלך אנה קד באן פי אלעלם אלאלאהי אעני מא
בעד אלטביעהٓ אן אללה תעאלי ליס הו עאלם בעלם ולא
חיא בחיאהٓ חתי יכון הו ואלעלם שיאן מתֹל אלאנסאן
ועלמה לאן אלאנסאן גיר אלעלם ואלעלם גיר אלאנסאן
פהמא אתֹנאן פלו כאן אללה עאלם בעלם ללזמרת
אלכתרהٓ ולכאן אלאזליין כתֹירין אללה ואלעלם אלדי בה
יעלם ואלחיאהٓ אלתי בהא הו חיֹ ואלקדרהٓ אלתי בהא
הו קאדר וכדלך גמלהٓ צפאתה ואנמא דֹכרת לך הנֹה
קריבהٓ תקרב מן פהם עאמהٓ אלנאס ואלّא פאלחגֹגֹ
ואלדלאיל אלתי תבטל הדא פהי קויהٓ גדא וברהאניהٓ, פצֹח
אנה תעאלי צפאתה וצפאתה הו חתי יקאל אנה אלעלם
והו אלעאלם והו אלמעלום והו אלחיאהٓ והו אלחי והו אלדי
ימרֹ דֹאתה אלחיאה וכדלך סאיר אלצפאת והדֹה מעאני
צעבהٓ לא תטמע פי פהמהא עלי אלכמאל מן סטרין תלתֹה
מן כלאמי ואנמא יחצל לך מנהא אלאכברבאר פקט.

ולהדא אלאצל אלעטٔים לא תגٔד אלעבראניהٓ קול חַי יי
כמא קאלוא חֵי נפשך חֵי פרעה אעני אסם מצֹאף אדֹ
אלמצֹאף ואלמצֹאף אליה שיאן מתגאירין ולא יצֹאף אלשי
לנפסה, ולמא כאנת חיאהٓ אללה הי דֹאתה ודֹאתה חיאתה
וליסת שי אכר גירה לם יקולוהא באצֹאפה בל קאלוא חַי
יי פאלגרץ אנה וחיאתה שי ואחד.

לו

אלחק נחו קול משה רבנו ואמרו כל הגוים אשר שמעו
את שמעך לאמר מבלתי יכולת י"י וג' ולדלך קאל בעד
הדא שוב למען עבדיך שבטי נחלתך יעני חתי לא יכון
תם חלול השם. וכמא בין פי תרי עשר קול תבאע אלחק
אלמגלובין מן אלגוים פי זמאן אלגלות פקאל יחכי קולהם
כל עושה רע טוב בעיני י"י ובהם הוא חפץ או איה אלהי
המשפט וחכי מן קולנא איצא מן שדה אלגלות אמרתם
שוא עבוד אלהים ומה בצע כי שמרנו משמרתו וכי
הלכנו קדורנית מפני י"י צבאות ועתה אנחנו מאשרים
זדים גם נבנו עושי רשעה וג' פבין וקאל אנה תעאלי סיבין
אלחק וקאל ושבתם וראיתם בין צדיק לרשע וג'.

והדה אלפסוקים אלמשכלה פי אלתורה ואלמקרא אלתי
תוהם אן אללה יגבר עלי אלמעאצי פקד בינא מענאהא
בלא שך והו תבין צחיח ענד שדה אלתאמל ובקינא עלי
אצולנא אן אלאנסאן בידה אלטאעה ואלמעציה והו
אלמכיר פי אפעאלה מא שא אן יפעלה פעלה ומא שא
אן לא יפעלה לא יפעלה אלא אן יעאקבה אללה עלי
דנב אדנב באן יבטל משיתה כמא בינא ואן אכתסאב
אלפצאיל בידה פלדלך ינבגי לה אן יחרץ ויגתהד לנפסה
פי אכתסאב אלפצאיל אד לים ענדה מחרך יחרכה נחוהא
מן כארג. והו קולהם פי אדאב הדה אלמסכתא אם אין
אני לי מי לי, ולם יבק מן הדא אלגרץ אלא מעני יגב
אלכלאם פיה קלילא חתי יכמל גרץ אלפצל ואן כנת לא
אריד אן אוקע פיה כלאם בוגה לכן קד דעת אלצרורה
אלי דלך והו עלם אללה באלכאינאת לאנהא אלחגה
אלתי יחתג עלינא בהא מן יזעם אן אלאנסאן מגבור עלי
אלטאעה ואלמעציה ואן גמיע אפעאל אלאנסאן לא
אכתיאר לה פיהא אד אכתיארה מעלק באכתיאר אללה

לה

לם יתרך ישראל יגוזו עלי בלאדה פקאלוא כיף יעאקב
והו מגֿבור כמא טֿנוא אן פרעה עוקב הו ושיעתה למא
לם יטלק ישראל ולים אלאמר אלא כמא בינא אן פרעה
וְשיעתה כאן עקאבהם ֗ענד אללה עלי מא תקדם מן
טלמהם אן לא יתובוא חתי תנזל בהם גֿמיע תלך אלאפאת
וכאן עקאב סיחון עלי מא תקדם מן טֿלמה או גֿורה פי
ממלכתה אן ימנע מן אגֿאבה̈ ישראל חתי יקתלוה, וקד
בין אללה עלי ידי ישעיה אנה תעאלי קד יעאקב בעץֿ
אלעאציין באן ימנעהם אלתובה ולא יתרך להם פיהא
אכֿתיאר כמא קאל השמן לב העם הזה ואזניו הכבד
ועיניו השע ושב ורפא לו והדֿא נץ גֿלי לא יחתאג אלי
תאויל בל הו מפתאח אקפאל כתֿירה̈.

ועלי הדֿא אלאצל יגֿרי קול אליהו עליה אלסלאם ען
אלכאפרין מן אהל עצרה ואתה הסיבות את לבם אחורנית
יעני אנהם למא עצו בארֿאדתהם פכאן עקאבך להם אן
תזיל קלובהם ען טריק אלתובה ולם תתרך להם אכֿתיאר
ולא ארֿאדה̈ פי תרך הדֿה אלמעציה̈ פדֿאמוא לאגֿל דלך
עלי כפרהם נחו קולה חבור עצבים אפרים הנח לו יעני
הו צאדק אלאותֿאן באכֿתיארה וחבה̈הא עקאבה אן יתרך
עלי חבֿהא והו מעני הנח לו והדֿא מן גֿרר אלתפאסיר
למן יפהם דקה̈ אלמעאני. ואמא קול ישעיהו למה תתענו
י̈י מדרכיך תקשיח לבנו מיראתך פהו כארגֿ ען הדֿא
אלגרץֿ כלה ולא יתעלק בשי מן הדֿא אלמעני ואנמא גרץֿ
דֿלך אלכלאם בחסב מא גֿא קבלה ובעדה אנה תשכّא
מן אלגֿלות וגֿרבתהנא ואנקטאעאנא וגלבה̈ אלמלל עלינא
פקאל מֻתשפّעٍא יא רב אדֿא ראו הדֿה אלחאלה מן גלבה̈
אלכפאר צֿלוא מן טרק אלחק וזאגת קלובהם ען כופך
פכאנך אנת אלדֿי תסבב להאולאי אלגֿהאל אלכרוגֿ ען

לד

אלאנסאן אלאכתיאריה עלי גהה אלעקאב מתֿל אן יעטל
ידה ען אלבטש כמא פעל בירבעם או עינה מן אלאבצאר
כמא פעל באנשי סדום אלמגֿתמעין עלי לוט בדֿלך יעטל
מנה אכתיאר אלתובה חתי לא ינגע להא בונה ויהלך
בדֿנבה, ולים ילזמנא אן נעלם חכמתה חתי נעלם לאי שי
עאקב בהדֿא אלנהו מן אלעקאב ולם יעאקב באלנהו
אלאכֿר כמא לא נעלם מא אלסבב אלדֿי גֿעל אן יכון
להדֿא אלנוע הדֿה אלצורה ולם תכן לה צורה אכֿרי לכן
אלגמלה כי כל דרכיו משפט וג' ויעקב אלמדֿנב עלי קדר
דֿנבה וינגֿאזי אלמחסן עלי קדר אחסאנה, פאן קלת פלאי
שי טלב מנה אלאטלאק לישראל אלמרה בעד אלמרה
והו ממנוע מן דֿלך באן תנזל אלאפאת עליה והו באקי
עלי לגֿגה כמא קלנא אנה עוקב באן יבכי עלי לגֿגה ולא
יטלב מנה עבֿת מא לא יקדר אן יפעלה פהדֿא כאן איצֿא
לחכמה מן אללה תעאלי ליעלמה אן אכתיארה אדֿא
אראד אללה אן יבטלה פהו יבטלה פקאל לה אן אטלב
מנך אטלאקהם ולו אטלקת אלאן נגית לכנך לא תטלה
חתי תהלך, פכאן יחתאג הו אן ינעם חתי יבדי אלכלאף
לדעוי אלנבי אנה ממנוע מן אן ינעם פלם יסתטע פכאן
פי דֿלך איה עטימה משהורה ענד גֿמיע אלנאם כמא קאל
ולמען ספר שמי בכל הארץ אן אללה קד יעאקב אלאנסאן
באן ימנעה אכתיאר פעל מא ויעלם הו בדֿלך ולא יסתטיע
מגֿאדבה נפסה ורדֿהא אלי דֿלך אלאכתיאר, ועלי הדֿא
אלוגה בעינה כאן עקאב סיחון מלך חשבון פאנה למא
תקדם מן עציאנה אלגיר מגֿבור עליה עאקבה אללה באן
מנעה אללה מן אגאבה ישראל חתי קתלוה והו קולה
ולא אבה סיחון מלך חשבון העבירנו בו וג' ואלדֿי צעב
הדֿא עלי אלמפסרין כלהם פטֿננתהם אן סיחון עוקב בכונה

לג

ושיעתה לו לם יכן להם דנב גיר אלדי לם יטלקוא
ישראל לכאן אלאמר משכל בלא שך לאנה קד מנעהם
מן אן יטלקוא כמא קאל כי אני הכבדתי את לבו ואת
לב עבדיו וג' תֹם יטלב מנה אן יטלקהם והו מגבור אן לא
יטלק תֹם יעאקבה למא לם יטלקהם והלכה ויהלך שיעתה
הדא כאן יכון גור ומנאקץ לכל מא קדמנא לכן בקי אן
לים אלחאל הכדא בל אן פרעה ושיעתה עצוא באכתיארהם
דון קהר ולא גבר וטלמוא אלגרבא אלדין כאנוא בין
טהורהם וגארוא עליהם גורא מחצא כמא קאל ובין ויאמר
אל עמו הנה עם בני ישראל רב ועצום ממנו הבה
נתחכמה לו וג' והדֹא אלפעל כאן מנהם באכתיארהם
ובסו ראיהם ולם יכן עליהם פי הדֹא גבר פכאן עקאב
אללה להם עלי דלך אן ימנעהם מן אלתובה חתי יחל
בהם מן אלעקאב מא אוגב עדלה אן דלך עקאבהם.
ומנעהם מן אלתובה הו אן לא יטלקהם וקד בין אללה
לה דלך ואעלמה אנה לו אראד אבראגהם פקט לכאן
קד אבֹאדה הו ושיעתה וכאן יכרגון ואנמא אראד מע
אבראגהם אן יעאקבה עלי טלמהם אלמתקדם כמא קאל
פי אול אלאמר וגם את הגוי אשר יעבודו דן אנכי וג' ולא
ימכן עקאבהם אן תאבוא פמנעוא אלתובה פצארוֹ
יתמסכון בהם והו קולה כי עתה שלחתי את ידי וג' ואולם
בעבור זאת העמדתיך וג' ולא ילזמנא שנאעהֹ פי קולנא
אן אללה קד יעאקב אלשבֹץ באן לא יתוב ולא יתרך לה
אכתיאר פי אלתובה לאנה תעאלי יעלם אלדנוב ותוגב
חכמתה ועדלה קדר אלעקאב פקד יעאקב פי אלדניא
פקט וקד יעאקב פי אלאבֹרה פקט וקד יעאקב פי אלדארין
גמיעא. ויכתלף עקאבה פי אלדניא קד יעאקב פי אלגסם
או פי אלמאל או פיהמא גמיעא וכמא יעטל בעץ חרכאת

אן יסתכד׳מוהם כמא קד׳ר, וגׄואב ד׳לך אן הד׳א מת׳ל לו
קאל תעאלי אן אלד׳ין יולדון פי אלאתי יכון מנהם אלעאצי
ואלטאיע ואלפאצׄל ואלשריר והד׳א צחיח וליס בהד׳א
אלקול ילזם פלאן אלשריר אן יכון שריר ולא בד ולא
פלאן אלפאצׄל אן יכון פאצׄל ולא בד בל כל מן כאן
מנהם שריר פבאכתיארה ולו שא אן יכון פאצׄל אלא
וכאן ולא מאנע לה וכד׳לך כל פאצׄל לו שא כאן שריר
למא כאן לה מאנע לאן אלאכבאר לם יגׄ ען שכׄץ שכׄץ
חתי יקול קד קד׳ר עלי ואנמא גׄא עלי אלעמום ובקי כל
שכׄץ לאכתיארה עלי אצל אלפטרה, וכד׳לך כל שכׄץ ושכׄץ
מן אלמצרייןׄ אלד׳ין טׄלמוהם וגׄארוא עליהם לו שא אן
לא יטׄלמוהם אלא וכאן אלביאר לה פי ד׳לך לאנה לם
יקד׳ר עלי אלשכׄץ אן יטׄלם, והד׳א אלגׄואב בעינה הו
אלגׄואב פי קולה הנך שוכב עם אבותיך וקם העם הזה
וזנה אחרי אלהי נכר הארץ וגׄ׳ פאן לא פרק בין ד׳א ובין
קולה מן עבד עבודה זרה נפעל בה ונצנע לׄ אנה אן לם
יכן ת׳ם אבדאׄ מן יתעדי פכאן אלתחדיר עבת׳ וכאן תכון
אלקללות כלהא עבת׳ וכד׳לך אלקצאצאת אלתי פי
אלשריעה פליס בוגׄוד חכם אלסקילה פי אלתורה נקול
אן הד׳א אלד׳י חלל את השבת מגׄבור עלי תחלילה ולא
באלקללות ילזם אן נקול אן אלד׳ין עבדוא עבודה זרה
וחׄלת בהם תלך אלקללות קד׳ר עליהם בעבאדתהא בל
באכתיארה עבד כל מן עבד פנזל בה אלעקאב גם המה
בחרו בדרכיהם וגׄ׳ גם אני אבחר בתעלוליהם וגׄ׳ אמא
קולה וחזקתי את לב פרעה וגׄ׳ ת׳ם עקבה ואהלכה פפיה
מוצׄע כלאם ויחצל מנה אצל כביר פתאמׄל כלאמי פי
הד׳א אלגׄרץׄ ואגׄעל באלך מנה ואקרנה בכלאם כל מן
תכלם פיה ואכת׳אר לנפסך אלאגׄוד׳ ודׄלך אן פרעה

אלחג֗ר אן תסקט ואן לא תסקט פג֗מלה אלכבר אנך
תעתקד אנה כמא שא אללה אן יכון אלאנסאן מנתצב
אלקאמה עריץ אלצדר ד֗ו אצאבע כד֗לך שא אן יכון
יתחרך ויסכן מן תלקי נפסה ויפעל אפעאלא אכתיאריה
לא ג֗אבר לה עליהא ולא מאנע לה מנהא כמא בין פי
כתאב אלחק וקאל מבין הד֗א אלמעני הן האדם היה
כאחד ממנו לדעת טוב ורע וג׳ וקד בין אלתרגום אלתפסיר
אן תקדירה ממנו לדעת טוב ורע וג׳ יעני אנה קד צאר
ואחד פי אלעאלם יעני נוע לים מת֗לה נוע אכ֗ר ישארכה
פי הד֗א אלמעני אלד֗י חצל לה ומא הו אנה מן תלקי
נפסה יעלם אלבי֗ראת ואלשרור ויפעל אי֗הא שא ולא
מאנע לה מן ד֗לך, פאד֗א כאן הד֗א פקד ימד ידה ויאכ֗ד֗
מן הד֗ה אלשג֗רה ואכל וחי לעולם, פלמא לזם הד֗א פי
וג֗וד אלאנסאן אעני אן יפעל באכ֗תיארה אפעאל אלכביר
ואלשר֗ מתי שא לזם תעלימה טרק אלכביר ואן יומר וינהי
ויעאקב ויג֗אזא וכאן הד֗א כלה עדל ולזומה אן יעוד נפסה
אפעאל אלכי֗ראת חתי תחצל לה אלפצ֗איל ויתג֗נב אפעאל
אלשרור חתי תזול ענה אלרד֗איל אן כאן קד חצלת ולא
יקול קד חצלת עלי אלהלה לא ימכן תגיירהא אד֗ כל חאלה
ימכן תגירהא מן אלכביר ללשר ומן אלשר ללכביר והו
אלמכ֗תאר לד֗לך, ונחו הד֗א אלמעני ומן אג֗לה ג֗בנא כל
מא ד֗כרנאה מן אמר אלטאעה ואלמעציה ולקד בכי עלינא
ג֗רץ֗ נבינה פי הד֗א אלמעני וד֗לך אנה ג֗את בעץ֗ נצוץ֗
יתוהם פיהא אלנאס אן אללה יקדר באלמעציה ואנה
יג֗בר עליהא וד֗לך באטל פלנבינהא לאנה כת֗יר מא כ֗אץ֗
אלנאס פיהא, מן ד֗לך קולה לאברהם ועבדום וענו אותם
קאלוא תראה קד קדר עלי אלמצריין אן יט֗למוא זרע
אברהם פלאי שי עאקבהם והם באלצ֗רורה לא בד להם

ל

תעאלי ובאראדתה פהו קול צחיח לכן עלי וגה מחל
מן רמא חגרא אלי אלהוא פנזלת אלי אספל פאן קלנא
פיהא אן במשיה אללה נזלת אלי אספל פהו קול צחיח
לאן אללה שא אן תכון אלארץ בגמלתהא פי אלמרכז
פלדלך מתי מא רמי מנהא גז אלי פוק פהו יתחרך אלי
אלמרכז וכדלך כל גז מן אגזא אלנאר יתחרך אלי פוק
באלמשיה אלתי כאנת פי אן תכון אלנאר מתחרכה אלי
פוק לא אן אללה שא אן אלאן חין חרכה הדא אלגז מן
אלארץ אן יתחרך אלי אספל, ופי הדא יתבאלפון
אלמתכלמון לאנהם סמעתהם יקולון אלמשיה פי כל שי
פי אלחין בעד אלחין דאימא ולים כדלך נחן בל
אלמשיה כאנת פי ששת ימי בראשית ואן אלאשיא כלהא
תגרי עלי טבאיעהא דאימא כמא קאל מה שהיה הוא
שיהיה ומה שנעשה הוא שיעשה ואין כל חדש תחת השמש
ולדלך אלתגו אלחכמים אן יקולוא אן גמיע אלאיארד
אלכארגה ען אלעאדה אלתי כאנת ואלתי סתכון ממא
ועד בהא כלהא תקדמת אלמשיה בהא פי ששת ימי
בראשית וגעל פי טבאע תלך אלאשיא מן דלך אלוקת
חיניד אן יחדת פיהא מא חדת פלמא חדת פי אלוקת
אלדי ינבני טן פיה אנה אמר טרי אלאן ולים כדלך, וקד
אהתסעוא פי הדא אלגרץ כתיר פי מדרש קהלת וגירה
ומן קולהם פי הדא אלמעני עולם כמנהגו נוהג ותגדהם
דאימאً פי גמיע כלאמהם עלידהם אלסלאם ידרבון מן אן
יגעלוא אלמשיה פי שי שי ופי חין חין, ועלי הדא אלנחו
יקאל פי אלאנסאן אדא קאם וקעד אן במשיה אללה
קאם וקעד יעני אנה געל פי טבאעה פי אצל וגוד אלאנסאן
אן יקום ויקעד באכתיארה לא אנה שא אלאן ענד קיאמה
אן יקום ואן לא יקום כמא לם ישא אלאן ענד סקוט הדה

סרקה או כאנה ואנכרה וחלף לה פי מאלה אן קלנא אן
אללה קדר עלי הדא אן יצל לידה הדא אלמאל ואן יכרג
ען יד דלך אלאכר פקד קדר באלעבירה ולים אלאמר
כדלך בל גמיע אפעאל אלאנסאן אלאכתיאריה פיהא
בלא שך תוגד אלטמאעה ואלמעציה לאן קד בינא פי
אלפצל אלתאני אן אלאמר אלשרעי ואלנהי אנמא הו פי
אלאפעאל אלתי ללאנסאן פיהא אכתיאר אן יפעלהא ואן
לא יפעלהא ופי הדא אלגז מן אלנפס תכון יראת שמים
ואינה בידי שמים בל מצרופה לאכתיאר אלאנסאן כמא
בינא, פקולהם אלא הכל אנמא ירידון בדה אלאמור
אלטביעיה אלתי לא אכתיאר ללאנסאן פיהא מתל כונה
טויל או קציר או נזול שתא או קחט או פסאד הוי או
צחתה ונחו דלך מן גמיע מא פי אלעאלם מא עדי חרכאת
אלאנסאן וסכנאתה, ואנמא הדא אלגרץ אלדי בינודה
אלחכמים מן כון אלטמאעה ואלמעציה לא בקדרה תעאלי
ולא במשיתה בל באראדה אלשכץ פתבעוא פי דלך נץ
ירמיהו והו קולה מפי עליון לא תצא הרעות והטוב לאן
רעות הי אלשרור וטוב אלבירה פקאל אן אללה לא
יקדר באן יפעל אלאנסאן אלשרור ולא אן יפעל אלבירה
פאדא כאן אלאמר כדלך פחק ללאנסאן אן יחזן ויתואיל
עלי מא פעל מן אלדנוב ואלאתאם אד הו גני באכתיארה
פקאל מה יתאונן אדם חי גבר על חטאיו תם רגע וקאל
אן טב הדא אלמרץ באידינא לאנא כמא עצינא באכתיארנא
כדלך לנא אן נתוב ונרגע ען אפעאלנא אלסו פקאל בעד
דלך נחפשה דרכינו ונחקורה ונשובה עד יי נשא לבבנו אל
כפים אל אל בשמים. ואמא אלקול אלמשהור ענד אלנאם
וקד יוגד פי כלאם אלחכמים ופי נצוץ אלכתב מתלה והו
קיאם אלאנסאן וקעודה וגמיע חרכאתה במשיה אללה

בד לה מן פעלה ולו ראם אן לא יפעלה לם יקדר, וכאן
איצא תבטל אלאסתעדאדאת כלהא ען אבראהא מן בניאן
אלביות ואקתני אלקנות ואלהרב ענד אלכוף וגיר ד̇לך לאן
אלד̇י קדר אן יכון לא בד מן כונה והד̇א כלה מחאל
ובאטל מחץ וכלאף אלמעקול ואלמחסוס והדם סור
אלשריעה ואלחכם עלי אללה תעאלי באלג̇ור תעאלי ען
ד̇לך, ואנמא אלחק אלד̇י לא ריב פיה אן אפעאל אלאנסאן
כלהא מצרופה אליה אן שא פעל ואן שא לא יפעל מן
גיר ג̇בר ולא קהר לה עלי ד̇לך פלד̇לך לזם אלתכליף
וקאל ראה נתתי לפניך היום את החיים ואת הטוב ואת
המות ואת הרע וג̇' ובחרת בחיים וג̇על אלכ̇יאר לנא פי
ד̇לך ולזם אלעקאב למן כ̇אלף ואלג̇זא למן טאע אם
תשמעו ואם לא תשמעו ולזם אלתעלים ואלתעלם ולמדתם
אותם את בניכם וג̇' ולמדתם אותם ושמרתם לעשותם וכל
מא ג̇א פי אלתעלים ואלתעויד באלשראיע, ולזם איצא
אלאסתעדאדאת כלהא כמא נ̇ץ פי כתאב אלחק וקאל
ועשית מעקה וג̇' כי יפול הנופל ממנו, פן ימות במלחמה
וג̇' במה ישכב לא יחבול רחים ורכב וג̇' וכת̇יר ג̇דא פי
אלתורה ופי אלכתב אלנבויה מן הד̇א אלג̇רץ̇ אעני
אלאסתעדאד, אמא אלנ̇ץ אלמוג̇וד ללחכמים והו קולהם
הכל בידי שמים חוץ מיראת שמים פהו צחיח וינהו נחו
מא ד̇כרנא אלא אנה כת̇יר מא יגלט פיה אלנאס ויט̇נון
בעץ̇ אפעאל אלאנסאן אלאכ̇תיאריה מג̇בור עליהא מת̇ל
זואג̇ פלאנה או כון הד̇א אלמאל בידה והד̇א גיר צחיח
לאן הד̇ה אלאמראה אן כאן אכ̇ד̇הא בכתובה וקדושין והי
חלאל ואזוג̇הא לפריה ורביה פהד̇ה מצוה ואללה לא יקדר
בעמל מצוה ואן כאן פי זואג̇הא פסאד פהי עבירה וא̇ללה
לא יקדר בעבירה וכד̇לך הד̇א אלד̇י גזל מאל פלאן או

אחֿר ממא ינבגי קלילא פיכון שגֿאע אעני מסתעד נחו
אלשגֿאעהֿ פאן עלם אלשגֿאעהֿ צאר שגֿאע בסהולהֿ, ואכֿר
מזאגֿ קלבה אברד ממא ינבגי פהו מסתעד נחו אלגֿבן
ואלפוע פאן עלם דֿלך ועודה קבלה בסהולהֿ ואן קצד בה
אלשגֿאעהֿ פבכֿדֿ מא יציר שגֿאע לכנה יציר אדֿא עֿודֿ ולא
בדֿ, ואנמא בינת לך הדֿא לילא תטן תלך אלהדֿיאנאת
אלתי יכדֿבו בהא אצחאב אחכאם אלנגֿום חקיקהֿ חית
יזעמון אן מואליד אלאשכֿאץ תגֿעלהם דֿוי פצֿילהֿ או דֿוי
רדֿילהֿ ואן אלשכֿץ מגֿבור עלי תלך אלאפעאל צֿרורהֿ,
אמא אנת פאעלם אן אמר מגֿמע עליה מן שריעתנא
ופלספהֿ יונאן במא צֿחחתה חגֿגֿ אלחק אן אפעאל
אלאנסאן כלהא מצֿרופה אליה לא גֿבר עליה פיהא ולא
עאדי לה מן כֿארגֿ בונה ימילה נחו פצֿילהֿ או רדֿילהֿ
אלא אן יכון אסתעדאד מזאגֿי פקט עלי מא בינא פיכון
יסהל בה אמר או יעסר אמא אן יגֿב או יסתנע פלא
בונה מן אלוגֿוה, ולו כאן אלאנסאן מגֿבור עלי אפעאלה
לבטל אלאמר אלשרעי ואלנהי וכאן דֿלך כלה באטל
מחֿץ אדֿ לא אכֿתיאר ללאנסאן פימא יפעל וכדֿלך כאן
ילזם בטלאן אלתעלים ואלתאדיב ותעלם אלצנאיע
אלמהניהֿ כלהא וכאן יכון גֿמיע דֿלך עבת אדֿ אלאנסאן
לא בד לה צֿרורהֿ בדאעי ידֿעוה מן כֿארגֿ עלי מדהב מן
ירי דֿלך מן אלפעל אלפלאני אן יפעלה ומן אלעלם
אלפלאני אן יעלמה ומן אלכֿלק אלפלאני אן יחצל לה
וכאן יכון אלוגֿא ואלעקאב אדֿא גֿור מחץ לא מננא
בעצנא לבעץ ולא מן אללה לנא לאן הדֿא שמעון אלקאתל
לראובן אדֿא כאן הדֿא מגֿבור מקהור אן יקתל והדֿא
מגֿבור מקהור אן יקתל פלאי שי נעאקב שמעון וכיף יגֿוז
איצא עליה תעאלי צדיק וישר אן יעאקבה עלי פעל לא

ענה וראית את אחורי וג' וסאסתופי הדא אלגרץ̇ פי כתאב אלנבוה̈. פלמא עלמוא אלחכמים עליהם אלסלאם אן הדין אלנועין מן אלרדאיל אעני אלנטקיה ואלכ̇לקיה הי אלתי תחגב בין אלאנסאן ובין אללה ובהא תתפאצ̇ל דרג̇את אלאנביא קאלוא ען בעצ̇הם במא שאהדוא מן עלמהם ואכ̇לאקהם ראוים שתשרה עליהם שכינה כמשה רבינו ולא ידהב ענך מעני אלתשביה לאנהם שבחוהם בה אן לא יסוודהם מעה תעַלי אללה, וכד̇לך קאלוא ען אכ̇רין כיהושע עלי אלוגה אלד̇י ד̇כרנא, והד̇א הו אלמעני אלד̇י קצדנא לביאנה פי הד̇א אלפצל.

אלפצל אלתאמן

פי אלפטרה̈ אלאנסאניה̈.

לא ימכן אן יפטר אלאנסאן מן אול אמרה באלטבע ד̇א פצ̇ילה̈ ולא ד̇א נקיצ̇ה כמא לא ימכן אן יפטר אלאנסאן באלטבע ד̇א צנאעה̈ מן אלצנאיע אלעמליה̈ ולכן ימכן אן יפטר באלטבע מעדַּא נחו פצ̇ילה̈ או רד̇ילה̈ באן תכון אפעאל תלך אסהל עליה מן אפעאל גירהא מת̇אל ד̇לך אן יכון אנסאן מזאג̇ה אלי אליבס אמיל ויכון ג̇והר דמאגה צאפי קליל אלרטובאת פאן הד̇א יסהל עליה אלחפט̇ ופהם אלמעאני אכת̇ר מן שכ̇ץ בלגמי כת̇יר אלרטובה̈ פי אלדמאג̇, לכן אן תרך ד̇לך אלמסתעד במזאג̇ה נחו הד̇ה אלפצ̇ילה̈ דון תעלים אצלא ולא ת̇הדא מנה קוה פהו יבקי ג̇אהלא בלא שך וכד̇לך אן ע̇לם ופהם הד̇א אלגליט̇ אלטבע אלכת̇יר אלרטובה̈ פהו יעלם ויפהם לכן בעסר וכד̇. ועלי הד̇א אלנחו בעינה יכון שכ̇ץ מזאג̇ קלבה

כה

חרג חתי אזאל חרגה והו קולה ועתה קחו לי מנגן וגו'
וכאלהם ואלאנתמאם לאן יעקב אבינו טאל איאם חזנה
עלי אבנה יוסף פארתפעת ענה רוח הקדש חתי בשר
בחיאתה קאל ותחי רוח יעקב אביהם וקאל אלתרגום
אלשארח ללאנראץ אלמרויה ען משה רבינו ושרת רוח
נבואה על יעקב אבוהן ונץ אלחכמים אין הנבואה שורה
לא מתוך עצלות ולא מתוך עצבות אלא מתוך [דבר]
שמחה, פלמא עלם משה רבינו אנה לם יבק לה חגאב
אלא וברקה ואנה קד כמלת פיה אלפצאיל אלכלקיה
כלהא ואלפצאיל אלנטקיה כלהא טלב אן ידרך אללה
עלי חקיקה וגודה אד לם יבק מאנע פקאל הראני נא את
כבודך פאעלמה תעאלי אנה לא ימכן דלך בכונה עקל
מוגוד למאדה אעני מן חית הו אנסאן והו קולה כי לא
יראני האדם וחי פלם יבק בינה ובין אדראך אללה עלי
חקיקה וגודה גיר חגאב ואחד סקיל והו אלעקל אלאנסאני
אלגיר מפארק ואנעם אללה תעאלי עליה וגעל לה מן
אלאדראך בעד סואלה אכתר ממא כאן ענדה קבל סואלה
ואעלמה אן אלגאיה לא תמכן לה והו דו גסם וכני ען
חקיקה אלאדראך בראית פנים לאן אלאנסאן אדא ראי
וגה צאחבה פקד חצלת לה פי נפסה צורה לא יכתלט
בהא מע גירה, אמא אדא ראי טהרה ואן כאן ימיזה
בתלך אלרויה ולכן קד ישכל עליה וקד יכתלט לה
מע גירה כדלך אדראכה תעאלי עלי אלחקיקה הו אן
יחצל מן צחה וגודה פי אלנפס מא לא ישארך פי דלך
אלוגוד גירה מן אלמוגודאת חתי יגד פי נפסה וגודה
מתמכן מבאין למא יגד פי נפסה מן וגוד סאיר אלמוגודאת
פלם ימכן אדראך אלאנסאן הדא אלקדר מן אלאדראך
לכנה עליה אלסלאם אדרך דון הדא קליל והו אלדי כני

כד

קולהם פי חד̅ אלעשיר אי זה הוא עשיר השמח בחלקו
יעני אנה יקנע במא אוגדה אלזמאן ולא יתאלם במא לם
יוגדה וכד̅לך גבור הי איצ̇א מן אלפצ̇איל אלכ̇לקיה̅ אעני
אנה ידבר קואה בחסב אלראי כמא בינא פי אלפצל
אלכ̇אמס והו קולהם אי זה הוא גבור הכובש את יצרו
ולים מן שרוט אלנבי אן תכון ענדה אלפצ̇איל אלכ̇לקיה̅
בגמלתהא חתי לא תנקצה רד̇ילה אצ̇לא לאן שלמה נבי
בשהאדה̅ אלכתאב בגבעון נראה יי̅ אל שלמה וג' ווגדנא
לה רד̇ילה כ̇לקיה והי אלשרה̅ בביאן וד̇לך פי תכ̇תיר
אלנסא והד̇א מן אפעאל היאה̅ אלשרה̅ וקאל מבין הלא
על אלה חטא שלמה וג' וכד̅לך דויד עליה אלסלאם נבי
קאל לי דבר צור ישראל וג' ווגדנאה̅ דא קסאוה̅ ואן כאן
צרפהא פי אלגוים ופי קתל אלכפאר וכאן רחים לישראל
לכן בין פי דברי הימים אן אללה לם יאהלה לבניאן בית
המקדש לכת̇רה̅ מא קתל וקאל לה לא אתה תבנה בית
לשמי כי דמים רבים שפכת ווגדנא לאליהו זכור לטוב
כ̇לק אלחרג̇ ואן כאן צרפה פי אלכפאר ועליהם כאן
יחרג̇ לכן בנוא אלחכמים אן אללה רפעה וקאל לה לא
יצלח באלנאס מן ענדה מן קנוי קדר מא ענדך אנה
יהלכהם וכד̅לך וגדנא שמואל פוע מן שאול ויעקב ג̇בן
ען מלאקאה̅ עשו פהד̇ה אלאכלאק ונחוהא הי חגב
אלאנביא עליהם אלסלאם פמן כאן לה מנהם כ̇לקין או
תלתה̅ גיר מתוסטה̅ כמא בינא פי אלפצ̇ל אלראבע קיל
פיה אנה ירי אללה מן כ̇לף חג̇אבין או תלתה̅, ולא
תסתנכר כון נקצ̇אן בעץ̇ אלאכלאק יקצר בדרג̇ה̅ אלנבוה̅
לאנא וגדנא בעץ̇ אלרד̇איל אלכ̇לקיה̅ ימנע אלנבוה̅ ג̇מלה̅
ואחדה̅ כאלחרג̇ קאלוא כל הכועס אם נביא הוא נבואתו
מסתלקת ממנו ואסתדלוא באלישע אלד̇י עדם אלוחי למא

אלפצל אלסאבע

פי אלחגב ומענאהא.

כתיר מא יוגד פי אלמדרשות ואלהגדות ומנה פי
אלתלמוד אן מן אלאנביא מן ירי אללה מן כלף חגב
כתירה ומנהם מן יראה מן כלף חגב קלילה עלי קדר
קרבהם מן אללה ועלו מנזלתהם פי אלנבוה חתי קאלוא
אן משה רבנו ראי אללה מן כלף חגאב ואחד סקיל אעני
שפאף והו קולהם הסתכל בספקלריא המאירה עינים
וספקלריא אסם אלמראה אלמעמולה מן גסם שפאף
כאלבלור ואלזגאג כמא נבין פי אבר כלים ואלקצד בהדא
אלמעני מא אקול לך וזלך אנא קד בינא פי אלפצל
אלתאני אן אלפצאיל מנהא נטקיה ומנהא כלקיה וכזלך
אלרדאיל מנהא רדאיל נטקיה כאלגהל ואלבלאדה ובעד
אלדהן ואלפהם ומנהא כלקיה כאלשרה ואלכבר ואלחרג
ואלגצב ואלקחה וחב אלמאל ומא אשבההא והי כתירה
גדא וקד דכרנא אלקאנון פי מערפתהא פי אלפצל אלראבע,
והדה אלרדאיל בגמלתהא הי אלחגאבאת אלפאצלה בין
אלאנסאן ובין אללה תעאלי קאל אלנבי מבין דלך כי אם
עונותיכם היו מבדילים ביניכם לבין אלהיכם יקול אן
דנובנא והי הדה אלשרור כמא דכרנא הי אלחגב אלפאצלה
ביננא ובינה תעאלי ואעלם אן כל נבי לא יתנבא אלא
בעד אן תחצל לה אלפצאיל אלנטקיה בלהא ואכתר
אלפצאיל אלכלקיה ואוכדהא והו קולהם אין הנבואה
שורה אלא על חכם גבור ועשיר אמא חכם פהו יעם
אלפצאיל אלנטקיה בלא שך ועשיר הי מן אלפצאיל
אלכלקיה אעני אלקנאעה לאנהם יסמון אלקנוע עשיר והו

אלנאס אג׳מע אנהא שרור מת׳ל ספך אלדמא ואלסרקה
ואלגצב ואלגבן ואלאד׳יה למן לא יאסי ומג׳אזאה אלמחסן
באלאסאה ואהאנה אלואלדין ונחו הד׳ה ואלשראיע
אלתי יקולון ענהא אלחכמים עליהם אלסלאם דברים
שאלמלי לא נכתבו ראויים היו לכתבן ויסמונהא בעץ
עלמאנא אלמתאכ׳רין אלד׳ין מרצ׳וא מרץ אלמתכלמין
אלשראיע אלעקליה ולא שך אן אלנפס אלתי תהוי שיא
מנהא ותשתאקה אנהא נפס נאקצה ואן אלנפס אלפאצ׳לה
לא תשתהי מן הד׳ה אלשרור שיא אצלא ולא תתאלם
באלתמנע מנהא. אמא אלאשיא אלתי קאלוא אלחכמים
אן אלצ׳אבט לנפסה ענהא אפצ׳ל וג׳אזה אעט׳ם פהי
אלשראיע אלסמעיה והד׳א צחיח לאנה לולא אלשרע מא
כאנת שרור בוג׳ה מן אלוג׳וה ולהד׳א קאלוא אן יחתאג׳
אלאנסאן יבקי נפסה עלי חבהא ולא יג׳על מאנעה מנהא
גיר אלשרע. ואעתבר חכמתהם עליהם אלסלאם ובמא
מת׳לוא לאנה לם יקל לא יאמר אדם אי אפשי להרוג
את הנפש אי אפשי לגנוב אי אפשי לכזב אלא אפשי
ומה אעשה וכו׳ ואנמא ג׳א באמור סמעיה כלהא בשר
בחלב ולבישת שעטנז ועריות והד׳ה אלשראיע ונחוהא הי
אלתי יסמיהא אללה חקותי קאלוא חוקים שחקקתי לך
ואין לך רשות להרהר בהם ואומות העולם משיבין עליהן
והשטן מקטרג עליהן כגון פרה אדומה ושעיר המשתלח
וכו׳ ותלך אלתי סמוהא אלמתאכ׳רין עקליה תתסמי מצוות
עלי מא בינוא אלחכמים. פקד תבין מן ג׳מיע מא קלנאה
אי אלמעאצי יכון אלד׳י לא ישתאקהא אפצ׳ל מן אלד׳י
ישתאקהא ויצ׳בט נפסה ענהא ואיהא יכון אלאמר פיהא
באלעכס והד׳ה נכתה גריבה ותופיק עג׳יב בין אלקולין ונץ
אלקולין ידל עלי צחה מא בינאה וקד כמל גרץ הד׳א אלפצל.

אלפאצֿל אפצֿל ואכמל מן אלצֿאבט לנפסה לכנהם קאלוא
קד יקום אלצֿאבט לנפסה מקאם אלפאצֿל פי כתֿיר מן
אלאמור והו אנקץ מרתבה צֿרורה לכונה ישתהי פעל
אלשר ואן כאן לא יפעלה לכן שוקה לה הי היאה סו
פי אלנפס ולקד קאל שלמה מתֿל הדֿא קאל נפש רשע
אותה רע וקאל פי צֿרור אלפאצֿל בעמל אלבירֿאת ותאלם
אלדֿי לים בפאצֿל בפעלהא הדֿא אלקול שמחה לצדיק
עשות משפט ומחתה לפועלי און. פהדֿא מא יבדוא מן
כלאם אלשרע אלמואפק למא דֿכרה אלפלאספה. פלמא
בחתֿנא ען כלאם אלחכמים פי הדֿא אלגרץֿ וגדנא להם
אן אלדֿי יהוי אלמעאצי וישתאקהא אפצֿל ואכמל מן
אלדֿי לא יהואהא ולא יתאלם בתרכהא חתי קאלוא אן
כיף מא כאן אלשכֿץ אפצֿל ואכמל כאן שוקה ללמעאצי
ותאלמה בתרכהא אשדּ וגֿאבוא פי דֿלך חכֿאיאת וקאלוא
כל הגדול מחבירו יצרו גדול ממנו מא כפי הדֿא אלא
אנהם קאלוא אן אגֿר אלצֿאבט לנפסה עטֿים עלי קדר
תאלמה בצֿבט נפסה וקאלוא לפום צערא אגרא ואעטֿם
מן דֿלך אנהם אמרוא אן יכון אלאנסאן צֿאבט נפסה
ונהוא אן יקול אני בטביעתי לא אשתהי הדֿה אלמעציה
ולו לם תחרמהא אלשריעה והו קולהם אמר רבן שמעון
בן גמליאל לא יאמר אדם אי אפשי לאכל בשר בחלב
אי אפשי ללבוש שעטנז אי אפשי לבוא על הערוה אלא
אפשי ומה אעשה ואבי שבשמים גזר עלי. פעלי פהם
טֿואהר אלכלאמין בבאדי אלבֿאטר פאן אלקולין מתנאקצֿין
ולים אלאמר כדֿלך בל כלאהמא חק ולא בֿלאף בינהמא
אצלאֿ ודֿלך אן אלשרור אלתי הי ענד אלפלאספה שרור
והי אלתי קאלוא אן אלדֿי לא יהואהא אפצֿל מן אלדֿי
יהואהא ויצֿבט נפסה ענהא הי אלאמור אלמשהורה ענד

נעתّמדה פי קולה ואהבת את יי׳ אלהיך בכל לבבך ובכל
נפשך ובכל מאודך יעני בגמיע אגזא׳ נפסך אן תגעל
גאיّהّ כל גז מנהא גאיّה ואחדהّ והי לאהבה את יי׳ אלהיך,
וקד חץّ אלאנביא עליהם אלסלאם עלי הדא אלגרץ איצֿא
וקאל בכל דרכיך דעהו וג׳ ושרחוא אלחכמים וקאלוא
ואפילו בדבר עבירה יעני אן תגעל לדלך אלפעל גאיّה
נחו אלחק ואן כאן פיה תّעדّי מן גהה מן אלגהאת, וקד
אגמלוא אלחכמים עליהם אלסלאם הדא אלמעני כלה
באוגז מא יכון מן אללפטֿ ואחאטוא באלמעני אחאטה
כאמלה גדّא חתי אנّך אדّא אעתברת וגאזّה תלך
אלאלפאטֿ כיף עברת ען הדא אלמעני אלכביר אלעטֿים
בגמלתה אלדֿי קד אّלפת פיה דואוין ולם תّסתוّעבה עלמّת
אנّה קיל בקّהّ אלאהיّהّ בלא שך והו קולהם פי וצّאיאהם
פי הדה אלמסכתא וכל מעשיך יהיו לשם שמים והדא
הו אלמעני אלדֿי בינّאה פי הדא אלפצל והדא קדר מא
ראינא אנה ינבגי אן ידֿכר הנא בחסב הדה אלמקדّמאת.

אלפצל אלסאדס

פי אלפרק בין אלפאצל ואלצֿאבט לנפסה.

קאלוא אלפלאספה אן אלצֿאבט לנפסה ואן כאן יפעל
אלאפעאל אלפאצֿלהّ פאנّה יפעל אלבירעאת והו יהוי
אפעאל אלשרור ויתّשוّקהא ויגّאדّב הואה ויכּאלף בפעלה
מא תנהצֿה אליה קّותה ושהותה והיאהّ נפסה ויפעל
אלבירעאת והו מתّאלّ מתאלّ בפעלהא, אמّא אלפאצֿל פהו יתבע
בפעלה מא תנהצֿה אליה שהותה והיאתה ויפעל אלבירעאת
והו יהואהא וישתאקהא, ובאגמאע מן אלפלאספה אן

ותקביח אתּארדהם ומדّח אלאכّיאר ותעטّימהם אנّמא
אלגרץ בה מא ذכרת לך חתי יתבّעוא אלנّאס טריקתّה
האולי וّנّתבّנוא טריקّה אّולאיך, פאذّא גّעל אלאנסאן
גרצّה מן הذّא אלמעני יתעّטّל מן אפّעאלה וינקّץ מן
אקואלה כתّיר גّדّא, לאן מן יתעّמّّד הذّא אלגרץ לים יתחרّך
לינקّש אלחיטאן באלذّהב או לّעّמّל צّניפّה ذّהב פי ثوب
אללّהّם אلّا אן כאן ذّלך יקצّד פיה בסט נפסה לתّצّّח
ויטרّد ענהא מرצّהّא חתّי תכון סקילّה צّאפّיّّה לקّבّול
אלעלّום נחן קולّהם דירה נאה ואשّה נאה ומטה מוצّעת
לתלמידי חכמים לאן אלנّפّס תכّל ותתבّלّד אלבّאטّר
באלّדّואם עלי אלנّטّّר פי אלאמור אלצّעבّה, כמא יעّיا
אלגّסם בתّנּאול אלّאשّגّאל אלשّאקّה חתי יסّתתّקّّ ויסّכّّן
וّחינئّذ ירגّع לאעّתّדّאלّה כذّלך תّחّתّאגّ אלنّפّس איצّא תّהّדّי
ותّשّגّّل פי راّحّﺔ חّואّסّّّ מثّל אלنّطّر للنّكّושّאّת ואّلّامّור
אלמّסّתּّﺤّסّنّﺔ חتّי יرتّفّﻊ ענّها ألكّلّل כמא יקّولّون כّי
חلّשّי רّבّנّן מגّרّסّא (הّוّﻭ אמרی מילّתّﺎ דّבّديחּﻭתّא) פّویّשّך
אن עלי הذّא אלוגّّה לا תכّون הذّה שّרّור ולا اّפّעّאّلّ עّبّת
אעّنّי אלّחّרّכّﺔ للّنّקّוש ואلתّزאّוّיּק פּی אّלמּبّاّنّי واّلّاّوّاّنّי
ואלّثיאב.

ואעלّם אן הذّה אלמרّتבّﺔ הّی מרّتבّﺔ עّאلّיّة גّدّא
וّעّוّיצّה ומא ידّرّכّהא אلّا קלّיّل ובّעّد רّיّاضّّה עטّימّה גّדّא
פאذّا اّתّفّق وגّוّד اّنّסّאّن هذّه اּلّحّاّلّﺔ لا اקّول اّنّه دّون
اّلّاّنّבّیاّ اّنّ יّצّرّف קّوّی נّפّסّה כلّהّا ויגّعّל גّאّיّתّهّا
أللّה تّعّאלّی فّقّط וلا יّפّعّל פעלّا כّבּیر ولا صّגّیر ולا
ילّفّظ בלّפّטّה اّلّا וذّלך אלّפّعّل اّו תלّך اللّפّטّה תّוّדّי
اّلّی פّצّילّה او الی מא יّודّי الی פצّילّה והו יפכّر ויرّوّی
פי כّل פعل וحرّכّה וירّی הל יודّי اלّی תלّך الّغّاّיّה اּو لا
יודّی וّחّינئّذ יפّעלّה והذّא הو الّذّי טّلّב מנّا תّעאלّی אن

וכדלך אדא נכח מתי אשתהי מן גיר אן יראעי אלצרר
ואלנפע פאן הדא אלפעל לה מן חית הו חיואן לא מן
חית הו אנסאן. וקד יכון תדבירה כלה בחסב אלאנפע
כמא דכרנא לכן יגעל גאיתה צחّה גסמה וסלאמתה מן
אלאמראץ פקט וליס הדא פאצّל לאן כמא אّן אّתר הדא
לדה אלצחה אّתר דלך אלאבר לדה אלאכל או לדה
אלנכאה וכלהם לא גאיّה חקיקיّה לאפעאלהם ואנّמא
אלצואב אן יגעל גאיّה גמיע תצרפאתה צחّ גסמה
ואסתמראר וגודה עלי אלסלאמّה חתי תבקי אלّאת קוי
אלנפס אלתי הי אעצّא אלבדן סאלמّה פתתצّרّף נפסה
דון עאיק פי אלפצّאיל אלכّלקיّה ואלנטקיّה וכדלך כלמא
יתעלّמה מן אלעלום ואלמעארף, מא כאן מנהא טריק
לתלך אלגאיّה פלא כלאם פיה ומא לא פאידה לה פי
תלך אלגאיה מתّל מסאיל אלגבר ואלמקאבלה וכתאב
אלמכّרוטאת ואלחיל ואלאבّאר מן מסאיל אלהנדסّה וגّר
אלאתّקאל וכּתיר מתّל הדא פיכון אלקצד בה תשחיד
אלדّהן וריאצّה אלקّה אלנאטקה בטריק אלברהאן חתי
תחצל ללאנסאן מלכّה מערפה אלקיאם אלברהאני מן
גירה פיכון לה דלך טריק יצّל בה אלי עלם חקיקה וגודה
תעאלי וכדלך אקואיל אלאנסאן כלّהא לא יחתאג יתכלّם
אלא פימّא יגלב לנפסה בה מנפעה או ידפע אדיّה ען
נפסה או ען גסמה או פי עלם או פי פצّילה או פי מדח
פצّילה או פאצּל או פי דّם רדילה או רدّ'ל. לאן שתם דוי
אלנקאיץ ותקביח אתّארהם אן כאן אלגרץ בה אנקאצّהם
ענד אלנאס חתי יתעטّוא מנהם ולא יפעלוא אפעאלהם
פדלך לאזם והי פצّילה, אלّא תרי קולה תעّאלי כמעשה
ארץ מצרים וג' וכמעשה ארץ כנען וג' וצّף אלסדומיّין
וכّל מא גّא פי אלמקרא מן דّם אשבّאץ ذוי אלנקאיץ

יז

פעלי הדׄא אלקיאם ליס יקצד חיניד אללדׄה פקט חתי
יתכׄוֹר פי אלטעאם ואלשראב אלאׄלאׄלׄ וכׄדׄלך פי סאיר
אלתדביר בל יקצד אלאׄנפע פאן אתׄפק אן יכון לדׄיד כאן
ואן אתׄפק אן יכון כריה כאן או יקצד אלאׄלאׄלׄ בחסב
אלנטׄר אלטבׄי מתׄל אן תסקט שהותה ללטעאם פינבההא
באלאטעמה אלשהיה אללדׄידה אלמסתטיבה וכׄדׄלך אן
תאר עליה כׄלט סודאוי אזאלה בסמאע אלאגׄאני ואנואע
אלאיקאעאת ואלנזה פי אלבסאתין ואלמבאני אלחסאן
ומגׄאלסה אלצׄוׄר אלחסנה ונחו הדׄא ממא יבסט אלנפס
ויזיל וסוׄסה אלסודא ענהא ויכון אלקצד בדׄלך כלה לצחׄ
גסמה וגׄאיה צחׄ גסמה אן יעלם, וכׄדׄלך אדׄא תחרך
ותצרף פי אקתני אלמאל יכון גׄאיתה פי גׄמעה אן יצרפה
פי אלפצׄאיל ואן יגדה לקואם גסמה ואסתמראר וגודה
חתי ידרך ויעלם מן אללה מא ימכן עלמה.

פעלי הדׄא אלקיאם יכון לצנאעה אלטב מדׄכׄל כביר
גׄדא פי אלפצׄאיל ופי אלעלם באללה ופי ניל אלסעאדה
אלחקיקיה ויכון תעלׄמהא וטלבהא עבאדה מן אכבר
אלעבאדאת וליס תכון חיניד מתׄל אלחיאכה ואלנגׄארה
לאן בהא נקדר אפעאלנא ותציר אפעאלנא אפעאל
אנסאניׄה מודיה נחו אלפצׄאיל ואלחקאיק, לאן אלשבׄע
אדׄא תקדם ואכל טעאמא לדׄיד ענד אלחנך טיב אלראיחה
שהיׄ והו מצׄר מוׄדי וקד רבׄמא כאן סבב למרצׄה כטרה או
ללהלאך מרהׄ ואחדהׄ פהדׄא אלבהאים סוי וליס הדׄא
פעל אלאנסאן מן חית הו אנסאן ואנׄמא הו פעל אלאנסאן
מן חית הו חיואן נמשל כבהמות נדמו ואנׄמא יכון פעל
אנסאני אדׄא תנאול אלאנפע פקט וקד יתרך אלאׄלאׄלׄ
ויאכל אלאכרה בחסב טלב אלאנפע, והדׄא פעל בחסב
אלראי ובדׄא ינפצל אלאנסאן פי אפעאלה ממא סואה

טו

אי דנב אדנב, ואערץ מא קלנאה נחן ומא קיל פיה ואלחק
יודי טריקה. וארגֹע אלי גרצֹי פאדֹא כאן אלאנסאן יון
אפעאלה דאימאً ויקצד אוסטהא כאן פי אעלי דרגה מן
דרגאת אלאנסאן ובדֹלך יקרב מן אללה וינאל מא ענדה
והדֹא אתם מן וגה מן וגוה אלעבאדה, וקד דֹכרוא אלחכמים
הדֹא אלגרץ ונצֹוא עליה וקאלוא עליה כל השם אורחותיו
<u>זוכה ורואה בישועתו של הקב״ה שנ'</u> ושם דרך אראנו
בישע אלהים אל תקרא ושם דרך אלא ושם דרך ושומה
הו אלתקדיר ואלתכֹמין והדֹא הו אלמעני אלדֹי שרחנאה
פי הדֹא אלפצל כלה סוי פהדֹא קדר מא ראינאה יחתאג
פי הדֹא אלגרץׁ.

אלפצל אלכֹאמס

פי תצריף קוי אלנפס נחו גאיה ואחדה.

ינבגי ללאנסאן אן יסתכֹדם קוי נפסה כלהא בחסב
אלראי עלי מא קדמנא פי אלפצל אלדֹי קבל הדֹא ויגעל
חדֹי עינה גאיה ואחדה והי אדראך אללה עז וגל חסב
טאקה אלאנסאן אעני אלעלם בה ויגעל אפעאלה כלהא
חרכאתה וסכנאתה וגמיע אקואלה מודֹיה נחו הדֹה
אלגאיה חתי לא יכון פי אפעאלה שי מן פעל אלעבת
בוגֹה אעני פעל לא יודי אלי הדֹה אלגאיה מתֹאל דֹלך
אן יגעל אלקצד באכלה ושרבה ונכאחה ונומה ויקטׁתה
וחרכתה וסכונה צחה גסמה פקט ואלגרץ בצחה גסמה
אן תגד אלנפס אלאתהא צחיחה סאלמה פתתצרף פי
אלעלום ואכתסאב אלפצֹאיל אלכֹלקיה ואלנטקיה חתי
יצל לתלך אלגאיה.

אן יוגד מן הו באלטבע ללפצאיל כלהא אלבלקה֗
ואלנטקיה֗ מעא֗.

אמא כתב אלאנביא פקד כתר פיהא דלך קאל הן בעבדיו
לא יאמין וג֗' ומה יצדק אנוש עם אל ומה יזכה ילוד אשה
ושלמה קאל באלאטלאק כי אדם אין צדיק בארץ אשר
יעשה טוב ולא יחטא ואנת תעלם אן סד֗ אלאולין
ואלאכרין משה רבנו קד קאל לה תעאלי יען לא האמנתם
בי וג֗' על אשר מריתם על אשר לא קדשתם וג֗' הדא כלה
ולנבה עליה אלסלאם אנה מאל נחו אחדי אלאחשיתין
ען פצילה מן אלפצאיל אלבלקיה֗ והי אלחלם למא מאל
נחו אלחרג בקולה שמעו נא המורים וג֗' נקד אללה עליה
אן יכון מתלה יחרג במחצר גמאעה ישראל פי מוצע לא
ינבגי פיה אלחרג ומתל הדא פי חק֗ דלך אלשכ֗ץ חלול
השם לאנה חרכאתה כלהא וכלמאתה בהא יקתדי ובהא
יטמע אלוצול לסעאדה אלדניא ואלאכרי, פכיף יבדוא
מנה אלחרג והו מן אפעאל אלשרור כמא בינא ולא יצדר
אלא ען היאה רדיה מן היאת אלנפס, ואמא קולה פי
דלך מריתם בי פהו עלי מא נבין ודלך אנה ליס כאן
יכאטב עואם ולא מן לא פצילה להם בל אקואם צגירה
נסאהם מתל יחזקאל בן בוזי כמא דכרוא אלחכמים וכל
מא יקול או יפעל יעתברונה פלמא ראוה קד חרג קאלוא
אנה עליה אלסלאם מא הו מן לה רדילה בלק ולולא
אנה עלם אן אללה גצב עלינא פי טלב אלמא, ואנא֗
אסכ֗טנאה תעאלי למא כאן יחרג, ואללה תעאלי מא
וגדנאה פי כטאבה לה פי הדה אלקציה֗ חרג ולא גצב בל
קאל קח את המטה והשקית את העדה ואת בעירם.

וקד כרגנא מן גרץ אלבאב לכן חללנא משכל מן
משכלאת אלתורה כתיר מא קיל פיה וכתיר מא יסאל

מא חרם מן אלמנאכה וידפע גמלה̈ מאלה̈ ללענײם או
ללהקדש זאידא̈ אלי מא̈ פי אלשריעה̈ מן אלצדקה
ואלהקדשות ואלערכים כאן הדא יפעל אפעאל אלשרור
והו לא יעלם ויחצל פי אלחאשיה̈ אלואחדה̈ ויכרג̇ ען
אלתוסט גמלה̈, וללחכמים פי הדא אלגרץ̇ כלאם לם ימר
בי קט אגרב מנה והו פי גמרא דבני מערבא פי אלתאסע
מן נדרים, תכלמוא פי דם אלדין ילזמון אנפסהם אימאן
ונדרים חתי יבקו שבה אלאסארי וקאלו הנאך הדא אלנץ̇
ר׳ אדי בשם ר׳ יצחק לא דייך מה שאסרה לך התורה
אלא שאתה אוסר עליך דברים אחרים, והדא הו אלמעני
אלדי דכרנאה סוי בלא זיאדה̈ ולא נקצאן
.

פקד באן מן גמיע מא דכרנאה פי הדא אלפצל אן נחו
אלאפעאל אלמתוסטה̈ ינבגי אן יקצד ואנה לא יכרג̇ ענהא
אלי אחשיה̈ מן אלחאשיתין אלא עלי גהה̈ אלתב̇
ואלמקאבלה̈ באלצד̇ וכמא אן אלרגל אלעארף בצנאעה̈
אלטב̇ אדא ראי מזאגה̈ קד תגיר איסר תגייר לא ינפעל
ולא יתרך אלמרץ̇ אלממכן יתמכן חתי יחתאג אלי טב̇ קוי̇ פי
אלגאיה̈ ואדא עלם אן עצ̇ו מן אעצ̇א גסמה צ̇אר צ̇עיפא̈
יחמי ענה אבדא̈ ויתגנב אלאשיא אלמודיה̈ לה ויקצד למא
ינפעה חתי יצח̇ דלך אלעצ̇ו או חתי לא יתזיד̇ צ̇עפא כדלך
אלאנסאן אלכאמל ינבגי לה אן יתפקד אכלאקה דאימא̈
ויזן אפעאלה ויעתבר היאה̈ נפסה יומא̈ יומא̈ פכל מא
ראי נפסה מאילה̈ נחו החאשיה̈ מן אלחאשיי באדר באלעלאג̇
ולא יתרך אלהיאה̈ אלסו תתמכן בתכריר פעל אלשר כמא
דכרנא וכדלך יגעל חד̇י עיניה אלכלק אלנאקץ אלדי ענדה
וירום עלאגה̈ דאימא̈ כמא קדמנא אד לא בד אן יכון
ללאנסאן נקאיץ̇ לאן אלפלאספה̈ קד קאלוא עסר ובעיד

חרמת ואמרת במא אמרת מן הדֿא אלסבב אעני חתי
נבעד ען אלגֿהה אלואחדה אכתֿר עלי גֿהה אלריאצֿה, פאן
תחרים אלמאכל אלחראם כלהא ותחרים אלמנאכח
אלחראם ואלנהי ען אלקדשה ותכֿליף כתובה וקדושין ומע
דֿלך לא תחלّ דׁאימא בל תחרם פי אוקאת אלנדה
ואלולידה ומע הדֿא חדّוّ אשיאכֿנא אלתקליל מן אלנכאח
ונהוא ען דֿלך באלנהאר עלי מא בינא פי סנהדרין פאן
הדֿא כלה אנّמא אפרצֿה אללה לנבעד ען טרף אלשהרה
בעדٔא כתֿירٔא ונכרג ען אלתוסט אלי גֿהה אלאחסאם
באלّלדٔהّ קלילאً חתי תתֿבת פי אנפסנא היאה אלעפה.

וכדֿלך כל מא גֿא פי אלשריעהٔ מן דפע אלמעשרות
ואללקט ואלשכחה ואלפאה ואלפרט ואלעוללות וחכם
אלשמטה ואליובל ואלצדקה די מחסורו אנّמא דֿלך כלה
קריב מן אלבדֿך חתי נבעד ען טרף אלנדֿאלהٔ בעדٔא
כתֿירٔא ונקרב מן טרף אלבדֿך חתי יתֿבת לנא אלכרם.

ובהדֿא אלאעתבאר תעתّבר אכתֿר אלשראיע פתגֿדהא
כלהא קד ראצֿת קוי אלנפס מתֿל מא קטעת אלאנתקאם
ואבّד אלתֿאר בקולה לא תקום ולא תטור עזוב תעזוב
הקם תקים עמו חתי תצֿעّף קוّהٔ אלגֿצֿב ואלחרג וכדֿלך
השב תשיבם חתי תזיל היאת אלבכֿל וכדֿלך מפני שיבה
תקום והדרת פני זקן וג' כבד את אביך וג' לא תסור מן
הדבר אשר יגידו לך וג' חתי יזיל היאת אלקחהٔ ותחצّל
היאת אלחיא. תֿם איצֿא אבעד ען אלטרף אלאכבר אעני
אלבגֿל פקאל הוכח תוכיח את עמיתך וג' לא תגור ממנו
וג' חתי יזיל אלבגֿל איצֿא ונבקי פי אלטריקהٔ אלוסטי.

פאדֿא גֿא אלשכֿץ אלגֿאהל בלא שך וראם אן יזיד עלי
הדֿה אלאשיא מתֿל אן יחרם אלאכל ואלשרב זאידٔא אלי
תחרים מא חרם מן אלמאכל ויחרם אלזואג זאידٔא אלי

במא גֿאנא אלנקל פי אלנזיר וכפר עליו הכהן מאשר
חטא על הנפש וקאלוא וכי על איזה נפש חטא זה על
שמנע עצמו מן היין והלא דברים קל וחומר אם מי שציער
עצמו מן היין צריך כפרה המצער עצמו מכל דבר על
אחת כמה וכמה, ופי אתׄאר אנביאנא ורואת שריעתנא
ראינאהם יקצדון אלאעתדאל וציאנה אנפסהם ואגֿסאמהם
עלי מא תוגֿבה אלשריעהֿ וגֿואב אללה תעׄ עלי יד נביה
למן סאל פי ציאם יום ואחד פי אלעאם הל ידום עלי דֿלך
או לא והו קולהם לזכריה האבכה בחדש החמישי הנזר
כאשר עשיתי זה כמה שנים פגֿואבהם כי צמתם וספוד
בחמישי ובשביעי זה שבעים שנה הצום צמתוני אני וכי
תאכלו וכי תשתו הלא אתם האכלים ואתם השותים הם
אמרהם באלאעתדאל ואלפצֿילהֿ פקט לא באלציאם והו
קולה להם כה אמר יי צבאות לאמר משפט אמת שפטו
וחסד ורחמים עשו איש את אחיו וקאל בעד דֿלך כה
אמר יי צבאות צום הרביעי וצום החמישי וצום השביעי
וצום העשירי יהיה לבית יהודה לששון ולשמחה ולמועדים
טובים והאמת והשלום אהבו, ואעלם אן האמת הי
אלפצֿאיל אלנטקיה לאנהא חקיקה לא תתגיׄר כמא דֿכרנא
פי אלפצֿל אלתׄאני והשלום אלפצֿאיל אלכֿלקיהֿ אלתי
בהא יכון אלשלום בעולם.

וארגֿע אלי גרצֿי פאן קאלוא האולי אלדֿין תשבׄהוא
באלמלל מן אהל שריעתנא אדֿ כלאמי אנמא הו פיהא
אנהם אנמא יפעלון מא יפעלון מן אשקא אגֿסאמהם וקטע
לדֿאתהם עלי סביל אלריאצֿהֿ לקוי אלגֿסם וכי יכונוא
אמיל נחו אלגֿההֿ אלאחדהֿ אלֿואחדהֿ קלילא עלי מא בינא פי הדֿא
אלפצל אנה ילום אן יכון אלאנסאן כדֿלך פהדֿא גלט
מנהם עלי מא נביׄן, ודֿלך אן אלשריעהֿ אנמא חרמת מא

עלי נֻהה אלטבّ כמא דכרנא ולפסאד אהל אלמדינה איצֹא
אדֹא ראו אנהם יפّסדון במבאשרתהם ורויה אפעאלהם
ואן עשרתהם ממّא יתוקעון פיהא פסאד אכלאקהם פכרגٔוא
ענהם ללברארٔיّ וחירٔת לא אנסאן סﹼوﹶ- נחו קול אלנבי
מי יתנני במדבר מלון אורחים וגٔ' פלמא ראו אלנّהאל
אולאיך אלפצֹלא פעלוא הדֹה אלאפעאל ולם יעלמוﹶ
גרצֹהם טנّוהא כֻיראת וקצדוהא בזעמהם אן יכונו מתֹלהם
וגٔעלוא יעדֹבון אגٔסאמהם בכל וגה מן אלעדֹאב וטﹶנّוﹶ
אנהם אתוא פצֹילה ופעלוא כֻירא ואן בדֹלך יקרב מן אללה
כאّן אללה עדّוֹ אלגٔסם יריד הלאכה ותלאפה והם לא
ישערון אן תלך אלאפעאל שרור ואן בהא תחצٔל רדֹילה
מן רדֹאיל אלנّפס, ומא מתֹלהם אלא מתֹל גٔאהל בצנאעה
אלטבّ ראי אלמאהרין מן אלאטבّה קד אסקוא מרצֹא
אלכין שחם אלחנטֹל ואלמחמודה ואלצבר ונחוהא וקטעוא
ענהם אלגֻדא פברוא מן מרצֹהם ותֶכלّצוא מן אלהלאך
כלאצّא עטִימאً פקאל דֹלך אלגٔאהל פאדֹא כאנת הדֹה
אלאשיא תברי מן אלמרץ פבאלאחרי ואלאגٔדר אן תבקי
אלצחיח עלי צחתה או תזיד פיהא פגٔעל אליד אן יתנאّולהא
דאימא ויתדֹבّר בתדביר אלמרצٔא פהו ימרץֹ בלא שך, כדֹלך
האוֹלא הם מרצֹא אלאנפס בלא שך בתנאולהם אלדّוا
עלי אלצّחّה והדֹה אלשריעה אלכאמלה אלמכמّלה לנא
_____
במא שהד פיהא עארפהא תורת יי תמימה משיבת נפש
מחכימת פתי לם תאת בשי מן הדֹא ואנّמא קצדת אן יכון
אלאנסאן טביעיאًّ סאלך פי אלטריק אלוסטא יאכל מא
לה אן יאכל באעתדאל וישרב מא לה אן ישרב באעתדאל
וינכח מא לה אן ינכח באעתדאל ויעמר אלבלאד באלעדל
ואלאנצאף לא, אן יסכן אלכהוף ואלגٔבאל ולא אן ילבס
אלשער ואלצّוף ולא אן ישקי אלגٔסם ויעדֹבה, ונהי ען דֹלך

נפסה אלהיאה אלמוגבה ללתקתיר ויכאד אן תחצל לה
היאה אלאבדאר או יקארבהא וחיניד נרפע ענה אפעאל
אלאבדאר ונאמרה באן ידום עלי אפעאל אלסכא וילתזם
דֶלך דאימֹא לא יפרט ולא יקצר, וכדלך אדא ראינאה
מֻבדרֹא פאנא נאמרה באן יפעל אפעאל אלתקתיר
ויכררהא לכן ליס נכרר עליה פעל אלתקתיר מראראַ
כתֹירה מתֹל מא כררנא עליה פעל אלתבדיר והדה אלנכתה
הי קאנון אלעלאג וצרֹה, ודלך אן אלאנסאן רגועה מן
אלתבדיר ללסכא• אסהל ואקרב מן רגועה מן אלתקתיר
ללסכא• וכדלך רגוע אלעדים אלאחסאס באללדֹה עפיף
אסהל ואקרב מן רגוע אלשרה עפיף פלדלך נכרר עלי
אלשרה אפעאל עדם אללדֹה אכתֹר מֹמא נכרר עלי
אלעדים אלאחסאס אפעאל אלשרה, ונלזם אלגבאן
באלתהור אכתֹר מֹמא נלזם אלמתהור באלגבן ונרוץ אלנדֹל
באלבדֹל אכתֹר מֹמא נרוץ אלבדֹך באלנדאלה והדא הו
קאנון טֹב אלאכֹלאק פאחפטה.

ולהדא אלמעני צרורה אלפצֹלא לא יתרכון היאה
אנפסהם עלי אלהיאה אלמתוסטה סוי בל ימילוא מילֹא
קלילֹא נחו אלאזיד ואלאנקץ עלי סביל אלחוטה אעני
אנהם מתֹלֹא ימילון ען אלעפה נחו עדם אלאחסאס באללדֹה
קלילֹא וען אלשגאעה נחו אלתהור קלילֹא וען אלכרם נחו
אלבדֹך קלילֹא וען אלתואצע נחו אלכסה קלילֹא וכדלך פי
סאירהא והדא אלמעני ילחטֹ לקולהם לפנים משורת הדין,
ואמֹא מא פעלוה אלפצֹלא פי בעץֹ אלאזמאן ובעץֹ אשכֹאץ
מנהם איצֹא מן אלמיל נחו אלטרף אלואחד מתֹל אלציאם
וקיאם אלליל ותרך אכל אללחם ושרב אלנביד ואבעאד
אלנסא ואלבאס אלצֹוף ואלשער וסכנא אלגבאל
ואלאנקטאע פי אלבראריֹ פמא פעלוא שיא מן הדֹה אלא

טבעה עפיף ועלי הדא אלנחו מן אלגלט יטנّון איצَّא
אלתבדיר ואלבדْך מן אלאפעאל אלמחמודה והדا כלّה
גלט ואנّמא יחמד עלי אלחקיקה אלתוסט ונחוה ינבגי
ללאנסאן אן יקצד ויזן אפעאלה כלّהא דאימאً נחו הדא
אלתוסט.

ואעלם אן הדה אלפצאיל ואלרדאיל אלבלקיّה אנّמא
תחצל ותתמכّן פי אלנפס בתכריר אלאפעאל אלכאינה ען
דْלך אלכלק מראראً כתירה̈ פי זמאן טויל ואעתיאדנא
להא. פאן כאנת תלך אלאפעאל בّיראת כאן אלדْי יחצל
לנא הי אלפצילה̈ ואן כאנת שרור כאן אלדْי יחצל לנא
הי אלרדילה̈ ולמّא כאן אלאנסאן בטבעה מן אוّל אמרה
לא יכון דא פצילה̈ ולא דא נקיצה̈ כמא נביّן פי אלפצל
אלתّאמן והו יעוד בלא שך מן צגרה בחסב סירה̈ אהלה
ובלדה פקד תכון תלך אלאפעאל מתוסטה̈ וקד תכוי
מפרטה̈ או מקצרה̈ כמא וצפנא פיכון הדא קד מרצّת
נפסה פילזם אן ינחי פי טבّהא נחו טבّ אלאגסאם סוי פכמא
אן אלגסם אדא כרג ען אעתדאלה נטרנא אלי אי גהה
מאל וכרג פנקאבלה בצדّה חתי ירגע אלי אלאעתדאל
פאדא אעתדל ארתפענא ען דْלך אלצّד ורגענא אלי
מקאבלתה במא יבקיה עלי אעתדאלה כדْלך נפעל פי
אלאכלאק סוי. מתאל דْלך אן נרי אנסאן חצלת לה היאה
פי נפסה יקתר בהא עלי נפסה והדה רדילה̈ מן רדאיל
אלנפס ואלפעל אלדْי יפעלה מן אפעאל אלשרור כמא
בינّא פי הדא אלפצל פאדא ארדנא אן נטבّ הדא אלמרץ
פלים נאמרה באלסכّא לאן הדא מתל מן יטבّ מן אפרט
עליה אלחرّ באלשי אלמעתדל ודْלך לא יבריה מן מרצّה
ואנّמא ינבגי אן נّגעל הדא יפעל אלתבדיר אלמרה̈ בעד
אלמרה̈ ויתכרّר עליה פעל אלתבדיר מראת חתّי תזול מן

אלמתוסّטה בין טרפין המא גמיעاً שרין אחדהמא אפראט
ואלאכّר תקציר ואלפצّאיל הי היאת נפסאנّיה ומלכאת
מתוסّטה בין היאתין רדיתין אחדאהמא אזיד ואלאכّרי
אנקץ, ועّן הדה אלהיאת תלום תלך אלאפّעאל מתّאל דّלך
אלעפّה פّאנّהא כّלّק מתוסّט בין אלשרה ובין עדם
אלאחסאס באללדّה פّאלעפّה הי מן אפّעّאל אלבّיראّה
ואלהיّאّה מן אלנפס אלתי תלום ענّהא אלעפּה הי פّציّלّה
כّלקّיّה, אמّא אלשרה פّהו אלטّרף אלאוّל ועדם אלאחסאס
באללדّה גמלّה אלטّרף אלאכّיר וכّלאהמא שרין מחץ,
ואלהיאתאן מן אלנפס אלתין אלתי תלום ענّהמא לזם אלשרה והי
אלהיّאّה אלאזיד ועדם אלאחסאס והי אלהיّאّה אלאנקץ
פّהמא גמיעاً רדילתין מן רדّאיל אלכּלّק וכّדלך אלסכّאّ
מתוסّט בין אלתקּתיר ואלתבדّיר ואלשגّאעה מתוסّטה בין
אלתّהוّר ואלגّבן ואללّעב מתוסّט בין אלגّלאّעה ואלפّדאמّה
ואלתّואצّע מתוסّט בין אלתّכّבّר ואלתבّאסם ואלכרם
מתוסّט בין אלבּדّך ואלנّדّאלה ואלקּנאעה מתוסّטה בין
אלרّגّבה ואלכּסל ואלחלם מתוסّט בין אלחרג ואלמّהאנّה
ואלחّיא֫ מתוסّט בין אלקّחה ואלבّגّל וכّדלך סّאירהّא ולّא
תחתאג אלי אסמّא מוצّועّה להא צّרורّה אדّא כّאנת
אלמעّאני הّאצّלה מפּהומّה, וקד ינגّלט אלנّאס כّתּיר פّי
הדה אלאפّעّאל ויטّנّוّא אחד אלטّרפּין כּיר ופّצّילّה מן
פّצّאיל אלנפס. תּאّרה יטّנّון אלטّרף אלאוّל כّירّא כמא
יטّנّון אלתّהוּר פّצּילّה ויסמּון אלמתּהור שגّאעّאן ואדّא ראוّ
מّן הו פי גּאّיّה אלתّהוּר ואלקדום עלי אלמּהאלּך וילקי
בנפסה אלי אלתّהלּכّה באלקّצד וקד יכّלّץ באלאתפّאק
חמדוּה בדّלך וקאלוّא הדّא שגّאע ותארה יטّנّון אלטّרף
אלאכّיר כּיراً פיקולון עّן אלמחّין אלנפס חלים ועّן
אלכסלאן קנועّ ועّן אלעדים אלאחסאס באללדّאת לגّפّא

אלמרצֿא למא עלמוא מרצֿהם ולא יחסנון צנאעה אלטّב
סאלו אלאטّבّא· פערّפוהם במא ינבגי אן יעמלוא ונהוהם
ען מא יתבّיל לדידא וגٔברוהם עלי תֿנَאוُל אלאמור אלכריהה
אלמרّה חתי תצّח אגסאמהם פירגעוא לَאסתטיאב אלטיב
וכראהיّה אלכרהה כדלך אלמרצֿא אלאנפס ינבני להם אן
יסאלוא אלעَלמא אלדין הם אטבא אלאנפס פינהנהוהם
ען תלך אלשרור אלתי יטֻנّונהَא בٔיראת ויטّבّונהם
באלצנאעה אלתי תטّבّ בהא אכלאק אלנפס אלתי נבّינהא
פי אלפצל אלדֿי בעד הדא, אמّא אלמרצٔא אלאנפס אלדין
לא ישערון במרצֿהם ויתﬣבّילונה צחّה או ישערון בה ולא
יתטّבّבון פמﬡلאלהم למא יכון מﬡאل אלמריצֿ אדא תבע
לדّאתה ולא יתטּבّבّ פהו יהלך בלא שך, אמّא אלדין
ישערון ויתבّעון לדّאתהם פקאל אלכתאב אלחֿקّ פיהם
ואצّף ען קولהם כי בשרירות לבי אלך וגٔ׳ יעני אנה יקצד
אן ירוי עטשה והו יזיד נפסה עטשא. ואמّא אלדין לא
ישערון פוצפהם שלמה כّתור קאל דרך אויל ישר בעיניו
ושומע לעצה חכם יעני אלדי יאבّד ראי אלעאלם פיערפה
באלטריק אלדי הו ישר פי אלחקיקה לא אלדי יטّנّה הו
ישר וקאל יש דרך ישר לפני איש ואחריתה דרכי מות
וקאל פי האולי אלמרצֿא אלאנפס פי כונהם לא יעלמוא
מא יצّרהם ולא מא ינפעהם דרך רשעים כאפלה לא
ידעו במה יכשלו. אמّא צנאעה טّב אלאנפס פהי כמא
אצّף פי הדא אלפצל אלראבע.

אלפצל אלראבע

פי טّב אמראצֿ אלנפס.

אלאפעאל אלתי הי כّיראת הי אלאפעאל אלמעתדלה

הדה או אלאפראט פיהא. אמא אלנו אלגאדי ואלמתכִّיל
פלא יִקאל פיה פצִّילה ולא רדילה ואנّמא יקאל אנה
גארי עלי אסתקאמה או עלי גיר אסתקאמה כמא יקאל
אן פלאן גאד הצִّמה אי בטל הצִّמה או פסד תכילה או
הו גארי עלי אסתקאמה וליס פי הדא כלה לא פצִّילה
ולא רדילה פהדא מא ארדנא אן נודעה פי הדא אלפצל.

אלפצל אלתّאלת

פי אמראץ אלנפס.

קאל אלאקדמון ללנפס צחّה ומרץ כמא ללבדי צחّה
ומרץ פצחّה אלנפס אן תכון היאתהא והיאת אגזאיהא
היאת תפעל בהא אבדאً אלכיראת ואלחסנאת ואלאפעאל
אלגמילה ומרצّהא אן תכון היאתהא והיאת אגזאיהא
היאת תפעל בהא אבדאً אלשרור ואלסיאאת ואלאפעאל
אלקביחה, אמّא צחّה אלנפס ומרצّה פצנאעה אלטّב
תבחת ען דלך וכמא אן אצחאב מרץ אלאבדאן יכיל להם
פסאד חסّהם פי מא חלא אנה מר ופי מא הו מר אנה
חלו פיתצורון אלמלאיים בצורה גיר מלאיים ותשתדّ
שהותהם ותעטّם לדאתהם באמור לא לדّה פיהא בוגה ענד
אלאצחّא. בל קד רבّמא כאן פיהא אלם מתל אכל
אלטّפל ואלפחם ואלתّראב ואלאמור אלשדידה אלעפוצה
ואלשדידה אלחמוצّה ונחו הדא מן אלאטעמה אלתי לא
ישתהיהא אלאצחّא. בל יכרהונהא כדלך אלמרצא
אלאנפס אעני אלאשראר ודוי אלנקאיץ יכיל להם פי מא
הי שרור אנהא כיראת ופי מא הי כיראת אנהא שרור
ואלשריר יהוי אבדאً אלגאיאת אלתי הי פי אלחקיקה
שרור ויתכילהא לאגל מרץ נפסה כיראת, וכמא אן

ה

לנזאין מן אגזא אלנפס והו אלגז אלחאס ואלגז אלנזועי
פקט ובהדין אלגזאין תכון גמיע אלעבירות ואלמצוות,
אמא אלגז אלגאדי ואלגז אלמתביל פלא טאעה פיהמא
ולא מעציה אד ליס ללראי ואלאכתיאר פיהמא עמל בוגה
ולא יקדר אלאנסאן בחסב ראיה אן יעטל פעלהמא או
יקצרהמא עלי פעל מא אלא תרא אן הדין אלגזאין אעני
אלגאדי ואלמתביל יפעלאן ענד אלנוס דון סאיר קוי
אלנפס. אמא אלגז אלנאטק פפיה חירה לכן אקול אנה
קד יכון בהדה אלקוה ואלמעציה ואלמעציה בחסב
אעתקאד ראי פאסד או אעתקאד ראי צחיח לכן ליס פיהא
עמל יטלק עליה אסם עמל מצוה או עבירה ולדלך קלת
פי מא תקדם אן פי דינאך אלגזאין תוגד אלעבירות
ואלמצוות.

אמא אלפצאיל פהי נועין פצאיל כלקיה ופצאיל נטקיה
ופי מקאבלהמא נועא אלרדאיל, אמא אלפצאיל אלנטקיה
פהי תוגד ללגז אלנאטק מנהא אלחכמה והי מערפה
אלאסבאב אלבעידה ואלקריבה בעד מערפה וגוד אלשי
אלדי יבחת ען אסבאבה ואלעקל ומנה אלעקל אלנטרי
והו אלדי יחצל לנא באלטבע אעני אלמעקולאת אלאול
ומנה עקל מסתפאד ומא הדא מוצעה ומנה אלדכא וגודה
אלפהם והו גודה חדס אלשי בסרעה בלא זמאן או
פי זמאן קריב גדא. ורדאיל הדה אלקוה עכס הדה או
מקאבלתהא.

ואמא אלפצאיל אלכלקיה פהי תוגד ללגז אלנזועי וחדה
ואלגז אלחאס פי הדא אלמעני אנמא הו כאדם ללגז
אלנזועי, ופצאיל הדא אלגז כתירה גדא מתל אלעפה
ואלסכא ואלעדאלה ואלחלם ואלתואצע ואלקנאעה
ואלשגאעה וגירהא ורדאיל הדא אלגז הו אלתפריט פי

ואלנו אלנאטק הי אלקוّהֿ אלמוגודהֿ ללאנסאן אלתי
בהא יעקל ובהא תכון אלרויהֿ ובהא יّקתני אלעלם ובהא
ימיז בין אלקביח ואלגמיל מן אלאפעאל והדֿה אלאפעאל
מנהא עמלّי ומנהא נטֿרّי ואלעמלّי מנה מהנّי ומנה פכרّי
פאלנטֿרי הו אלדֿי בה יעלם אלאנסאן אלמוגודאת אלגיר
מתגّירהֿ עלי מא הי עליה והדֿה הי אלתי תّסמّי עלום
באטלאק ואלמהני הו אלקוّהֿ אלתי בהא יקתני אלמהן
מתֿל אלנגארהֿ ואלפלאחהֿ ואלטّב ואלמלאחהֿ ואלפכרי
הו אלדֿי בה ירוّי פי אלשי אלדֿי יריד אן יעמלה חין מא
יריד אן יעמלה הל ימכן עמלה או לא ואן כאן ימכן פכיף
ינבגי אן יעמל. פהדֿא קדר מא ינבגי אן ידֿכר מן אמר
אלנפס ההנא. ואעלם אן הדֿה אלנפס אלואחדהֿ אלתי
תקדם וצף קואהא או אנזאהא הי כאלמאדהֿ ואלעקל
להא צורה פאדֿא לם תחצל להא אלצורהֿ פכאן וגוד
אלאסתעדאד פיהא לקבול תלך אלצורהֿ באטל וכאّנّה
וגוד עבת והו קולה גם בלא דעת נפש לא טוב יעני אן
וגוד נפס לם תחצל להא צורהֿ בל תכון נפש בלא דעת
לא טוב. ואמّא אלכלאם עלי אלצורהֿ ואלמאדהֿ ואלעקול
כם הי וכיף הי וכיף תחצל להא מוצעה הדֿא פّמא יחתאג
פי מّא נרידה מן אלכלאם עלי אלאבלאק והו אליק
בכתאב אלנבוّה אלתי דֿכרנא והנא אקטע הדֿא אלפצל
ואבّד פי אבֿר.

אלפצל אלתֿאני

פי מעאצי קוי אלנפס ופי מערפהֿ אלונ אלדֿי פיה אולא
תוגד אלפצאיל ואלרדֿאיל.

אעלם אן אלמעאצי ואלטאעאת אלשרעיהֿ אנّמא תוגד

דאימא ומא ינקצי מנהא פי זמאן מחדוד פהדא כלה לאזם
לצנאעה אלטב ולא חאגה פיה פי הדא אלמוצ׳ע. ואלגז
אלחאס מנה אלקוי אלכמס אלמשהורה ענד אלגמהור
אלבאצרה ואלסמע ואלדוק ואלשם ואללמס והו מוגוד פי
גמיע סטח אלגסם וליס לה עצ׳ו מכצוץ כמא ללארבע קוי
ואלגז אלמתכ׳יל הי אלקוה אלתי תחפט רסום אלמחסוסאת
בעד גיבתהא ען מבאשרה אלחואס אלתי אדרכתהא
פתרכב בעצ׳הא אלי בעץ׳ ותפצל בעצ׳הא מן בעץ׳ ולדלך
תרכב הדה אלקוה מן אלאמור אלתי אדרכתהא אמור
לם תדרכהא קט ולא ימכן אדראכהא כמא יתכ׳יל
אלאנסאן ספינה חדיד תגרי פי אלהוי ושכ׳ץ אנסאן ראסה
פי אלסמא ורגליה פי אלארץ ושכ׳ץ חיואן באלף עין
מתלא וכתיר מן הדה אלממתנעאת תרכבה אלקוה
אלמתכ׳ילה ותוגדה פי אלכ׳יאל. והנא גלט אלמתכלמון
אלגלטה אלשניעה אלעט׳ימה אלתי בנוא עליהא קאעדה
מגאלטתהם פי תקסימהם אלואגב ואלגׄאיז ואלממתנע
פאנהם ט׳נו ואוהמוא אלנאס אן כל מא יתכ׳יל ממכן ולם
יעלמוא אן הדה אלקוה תרכב אמורא ממתנע וגודהא
כמא ד׳כרנא. ואלגז אלנזועי הי אלקוה אלתי בהא ישתוק
אלאנסאן לשי מא או יכרההא וען הדה אלקוה יצדר מן
אלאפעאל אלטלב ואלהרב ואלאיתאר לאמר מא ואלתגנב
לה ואלגצ׳ב ואלרצ׳א ואלכ׳וף ואלאקדאם ואלקסוה ואלרחמה
ואלמחבה ואלבגצ׳ה וכתיר מן הדה אלעוארץ׳ אלנפסאניה.
ואלאת הדה אלקוה גמיע אעצ׳א אלבדן מתל קוה אליד
עלי אלבטש וקוה אלרגל עלי אלמשי וקוה אלעין עלי
אלאבצאר וקוה אלקלב עלי אן יקדם או יכ׳אף וכדלך
סאיר אלאעצ׳א אלבאטנה ואלט׳אהרה אנמא הי וקואהא
אלאת להדה אלקוה אלנזועיה.

ב

אלאנסאן מֻגתדי באלנّ אלגّאדי מן אלנפס אלאנסאניّה
ואלחמאר מֻגתדי באלנّ אלגّאדי מן אלנפס אלחמאריّה
ואלנכלה מנתדיّה באלנّ אלגّאדי מן אלנפס אלתי להא
ואנّמא יקאל עלי אלכّל מנתדי באשתראך אלאסם פקט
לא אן אלמעני ואחד בעינה וכדלך יקאל עלי אלאנסאן
ואלחיואן אלחסّאס באשתראך אלאסם פקט לא אן אלחסّ
אלדّי פי אלאנסאן הו אלחסّ אלדّי פי אלחיואן ולא אלחסّ
אלדّי פי הדא אלנוע הו אלחסّ בעינה אלדّי פי הדא אלנוע
אלאכّר בל כל נוע ונّע ממّא לה נפס לה נפס ואחדהّ גיר
נפס אלאכّר וילזם ען נפס הדה אלאפעאל וען נפס הדה
אלאפעאל, פקד ישבה אלפעל ללפעל פّיטّן באלפّעליّן אנהמא
שّי ואחד בעינה וליס כדלך, ומתאלה מתّאל תّלתّה מואצّע
מّטלמה אחדהא אשרקת עליה אלשמס פאצّא- ואלתّאני
טלע עליה אלקמר פאצّא- ואלאכّר סרג' פיה סראג' פאצّא-
פכל ואחד מנהא קד וגּד פיה אלצּיא- לכן סבב הדא
אלצּיא ופאעלה אלשמס ופאעל אלאכّר אלקמר ופאעל
אלאכّר אלנאר כדלך פאעל חסّ אלאנסאן הו נפס אלאנסאן
ופאעל חסّ אלחמאר נפס אלחמאר ופאעל חסّ אלעקאב
נפס אלעקאב וליס להא מעני יגמעהّא גיר אשתראך
אלאסם פקט, פהّצّל הדא אלמעני אנّהّ גריב עגّיב יעתّר
פיה כתّיר מן אלמתפלספין וילזّמוّא מן דלך שנאעאת
ואראּ- גיר צחיחהّ.

וארגّע אלי גרצّנא פי אנّזא- אלנפס פאקוּל אלנّ אלגّאדי
מנה אלקוה אלגّאדבה ואלמאסכה ואלהّאצّמה ואלדאפעה
ללפצّוּל ואלמנמיّה ואלמוּלדה ללמתّל ואלממיّזה ללאבלאט
חתّי תעזל אלדּי ינבּגי אן יגתדי בה ואלדי ינבגי אן ידפע,
ואלכّלאם עלי הדה אלסבע קוי ובמא תפעל וכיף תפעל
ופי אי אלאעצּא- פעלהא אטהר ואבין ומא מנהא מוגוד

אלפצל אלאול

פי נפס אלאנסאן וקואהא.

אעלם אן נפס אלאנסאן נפס ואחדה ולהא אפאעיל
כתירה מכתלפה קד תסמّי. בעץ תלך אלאפאעיל אנפס
פיטّן בדّלך אן ללאנסאן אנפס כתירה כמא יטّן אלאטבא
חתי יצדר רייסהם אן אלאנפס תלת טביעיّה וחיואניّה
ונפסאניّה וקד תסמّי קוי ואגّזא חתי יקאל אגזא אלנפס
והדה אלאסמיה כתיר מא יסתעמלהא אלפלאספה וליס
ירידון בקולהם אגזא אנהא תתגזא תגّזי אלאגסאם ואנّמא
הם יעדّון אפעאלהא אלמכתלפה אלתי הי ענד גמלה
אלנפס כאלאגזא ענד אלכל אלמולّף מן תלך אלאגזא.

ואנת תעלם אן אצלאח אלאכّלאק אנמא הו עלאג אלנפס
וקואהא פכמא אן אלטביב אלדי יעאלג אלאבדאן יחתאג
אן יעלם אולّא אלבדן אלדי יעאלגה באסרה ואגזא אלבדן
מא הי אעני בדן אלאנסאן ויחתאג אן יעלם אי אלאשיא
תמרّצה פתגנתּנב ואי אלאשיא תצחّה פתקצד כדّלך אלדי
יטّב אלנפס ויריד אן יّהדّב אלאכّלאק יחתאג אן יעלם
אלנפס באסרהא ואגזאהא ומא ימרّצהא ומא יצחّהא. פמן
דّלך אקול אן אגזא אלנפס כמסה אלגّאדי ואלחאסّ ואלמתכّיל
ואלנזועי ואלנאטק וקד קדّמנא פי הדא אלפצל אן כלאמנא
אנّמא הו פי נפס אלאנסאן לאן אלאגּתדי מתלא אלדי
ללאנסאן ליס הו אלאגּתדי אלדי ללחמאר ואלפרס לאן

תמאניה פצול

לרמב"ם